Alkoholprobleme

Volker Riegas

Alkoholprobleme

Ein Ratgeber für Angehörige und andere Betroffene

Blaukreuz-Verlag Wuppertal

Der Autor:
Dr. Volker Riegas, Münster, studierte Psychologie und Philosophie, machte eine Ausbildung zum Klinischen Psychologen und zum Familientherapeuten und arbeitete mehrere Jahre lang auf der Akutstation einer großen Fachklinik für Suchtkrankheiten. Anschließend wurde er Leiter einer Suchtberatungsstelle. Er hielt Vorträge zum Thema »Zusammenleben mit alkoholkranken Menschen« und nahm 1994 einen Lehrauftrag zu dieser Thematik an der Fachhochschule für Sozialwesen Münster wahr.

Umwelthinweis: gedruckt auf chlorfrei gebleichtem Papier

Hinweis für den Leser:
Alle Angaben in diesem Buch – insbesondere die Therapieempfehlungen – wurden sorgfältig geprüft und entsprechen dem aktuellen Stand von Wissenschaft und Forschung. Dennoch kann für diese Angaben vom Verlag keine Gewähr übernommen werden. Auch kann dieses Buch eine erforderliche therapeutische Behandlung nicht ersetzen.

Sonderausgabe für den Blaukreuz-Verlag, Wuppertal

Druck: Graphische Betriebe Langenscheidt, Berchtesgaden
Printed in Germany
ISBN 3 89175 150 8
1 * 99

Inhalt

Vorwort

Dieses Buch informiert Sie über die Alkoholkrankheit, ihre Erscheinungsformen, Ursachen und Behandlungsmöglichkeiten. Es informiert vor allem darüber, was Angehörige sinnvollerweise unternehmen können, wenn sie mit einem Alkoholproblem konfrontiert werden. Sie erfahren, wie Sie sich am besten gegenüber einem unkontrolliert trinkenden Angehörigen verhalten und wie Sie als Angehöriger mit speziellen Strategien Ihr Problem lösen können.

Bei meiner langjährigen Arbeit als Diplompsychologe auf der Akutstation einer Suchtklinik habe ich mehr als tausend Menschen kennengelernt, die Alkoholprobleme hatten. Dabei fiel mir immer wieder auf, daß viele Alkoholkranke selbst, aber auch Menschen aus dem direkten Umfeld nicht über diese Krankheit Bescheid wissen. Auch haben die meisten Angehörigen sowie Freunde, Arbeitskollegen oder Vorgesetzten oft keine Ahnung, wie sie sich gegenüber einem alkoholkranken Menschen verhalten sollen. Diese Erfahrung wiederholte sich, als ich später Leiter einer Suchtberatungsstelle wurde. Wiederum waren die von der Alkoholkrankheit betroffenen Menschen und ihre Angehörigen gänzlich uninformiert und fühlten sich ratlos.

Ein Grund mehr für mich, dieses Buch zu schreiben, um möglichst viele Menschen über die Alkoholkrankheit und das Zusammenleben mit alkoholkranken Mitmenschen zu informieren. Nur dann können die Angehörigen eines suchtkranken Menschen, seine Freunde, Kollegen und Kolleginnen am Arbeitsplatz, die Vorgesetzten, kurzum alle Menschen im Umfeld angemessen darauf reagieren.

Wissen um die Krankheit ist *ein* Schritt, um den von Alkoholismus betroffenen Menschen wirksam bei der Bewältigung ihrer Sucht zu helfen. Dazu dient der erste Teil des Buches. Der nächste Schritt besteht darin, die gewonnenen Erkenntnisse praktisch umzusetzen. Was Sie im einzelnen unternehmen können und welche Handlungen Sie besser vermeiden, erfahren Sie daher im zweiten Teil dieses Buches. Konkrete Vorschläge für die Gesprächsführung ermöglichen es Ihnen, Bewegung in die oftmals verfahrene Situation zu bringen. Wenn Sie schon ausreichende Kenntnisse über die Alkoholkrankheit haben, können Sie den allgemeinen Teil überspringen und Ihre Lektüre gleich auf Seite 114 (»Konkrete Problemlösungsstrategien«) beginnen.

Da das Buch den Leser ausführlich über die Alkoholkrankheit informiert, ist es je nach Stadium der Krankheit und Persönlichkeit des Betroffenen selbstverständlich auch für Kranke selbst lesenswert.

Dr. Volker Riegas

Einleitung

Ein Mensch, der seinen Alkoholkonsum nicht mehr kontrollieren kann, verliert oft den Überblick über sein Leben und kann seine Lage nicht mehr realistisch einschätzen. Er selbst merkt allzu häufig nicht, wie ungünstig es um ihn steht. Bei sich selbst sieht er üblicherweise keinen Veränderungsbedarf.

Nach meiner Erfahrung erkennen zumeist die Menschen im familiären Umfeld eines Alkoholkranken als erste den Ernst der Lage und begreifen, daß ein Alkoholproblem vorliegt.

Dies teilen sie dem Betroffenen mit und erwarten eine entsprechende Änderung seines Trinkverhaltens: »Bitte trinke doch nicht so viel!« oder »Reiß dich doch einmal zusammen!« Sehr oft bleibt die erhoffte Änderung aus, und die wiederholten Bitten, Appelle und Forderungen werden immer dringender. Doch stets machen die Angehörigen die Erfahrung, daß sie das Verhalten des Alkoholkranken und seine Einstellung zum Alkoholtrinken nicht entscheidend beeinflussen können. Aus Protest trinken viele Alkoholkranke noch mehr, wenn ihre Trinkgewohnheiten auf die Kritik von Angehörigen stoßen. Gut gemeinte Hilfe bewirkt dann das Gegenteil, das Trinken wird sich möglicherweise noch weiter steigern.

Die Angehörigen reagieren gefühlsmäßig zumeist mit Hilflosigkeit, denn der Alkoholkranke verleugnet und bagatellisiert sein Alkoholtrinken oder verbirgt es mit viel Raffinesse. Anscheinend gehen ihn die Bitten und Appelle gar nichts an: »Laß mich in Ruhe!« Oft gelingt es ihm auch, die Angehörigen mit Versprechen zu vertrösten: »Ab morgen ist Schluß!« Allerdings kann kein Abhängiger diese Versprechen einhalten. Vielfach vermischen sich in dieser Lage die Hilflosigkeitsgefühle der Angehörigen auch noch mit Wutgefühlen, denn die gutgemeinte Hilfe wird nicht angenommen. Die Konflikte werden immer größer. Dann leiden die Angehörigen sehr, vielleicht sogar stärker als die Abhängigen selbst.

Freunde und gute Bekannte können in vielen Fällen nicht weiterhelfen. Auch sie kennen sich mit der Alkoholkrankheit meistens nicht richtig aus. Die Krankheit löst immer mehr Angst, Ratlosigkeit und Verzweiflung aus. Die Lage spitzt sich zu.

Irgendwann wird den Angehörigen deutlich, daß sich der süchtig trinkende Angehörige nicht durch gutes Zureden und Appelle beeinflussen läßt. Viele Angehörige schreiben die Ursache für das Scheitern sich selbst zu und denken, sie hätten bisher nicht die richtigen Worte gefunden oder falsch argumentiert. Von einem Experten erhoffen sich die Angehörigen dann Patentrezepte, die es ermöglichen, auf den Alkoholabhängigen schnell und nachhaltig Einfluß auszuüben, ihn sozusagen zur Vernunft zu bringen. Als Psychologe höre ich oft die Bitte: »Sagen Sie mir doch, was ich tun muß, damit er sich ändert.« Ich kann in solchen Situationen nicht direkt weiterhelfen. Patentrezepte, die auf starres Trinkverhalten Einfluß nehmen können, gibt es leider nicht.

Der Alkoholabhängige ist meist fest entschlossen, sein Alkoholtrinken um keinen Preis in der Welt zu verändern und wird sich durch keinerlei gutgemeintes Zureden beeinflussen lassen. Menschen sind eben keine Marionetten, die man durch Ziehen an Fäden so bewegen kann, wie man das gern möchte.

Aber es gibt verschiedene Wege, die Situation zunächst einmal zu verstehen und von der Individualität des Kranken ausgehend vernünftig zu handeln.

Was soll ich tun?

Ich rate allen Angehörigen alkoholkranker Menschen, die deutliche Anzeichen von Alkoholismus (siehe Seite 21) bemerken, sich zunächst einmal sehr gründlich über die Krankheit zu informieren. Genaue Kenntnisse über die Entstehung der Krankheit, ihren Verlauf und die Behandlungsmöglichkeiten sind eine wichtige Voraussetzung für das Leben mit ihr – sei es als Betroffener oder als Angehöriger. Sie sind das Fundament für eine neue Sichtweise der Situation und für eine neue Vorgehensweise bei der Problemlösung.

Zunächst sollten Sie sich von falschen Vorstellungen über die Alkoholkrankheit und von Vorurteilen gegenüber Alkoholikern lösen. Lesen Sie dazu die nächsten Kapitel, auch wenn dort keine direkten Ratschläge zur Lösung des Problems zu finden sind.

Völlig zu Unrecht werden alkoholkranke Menschen auch heute noch mit schäbigen Vorurteilen belastet. Die Alkoholkrankheit ist eine Krankheit wie jede andere auch, beispielsweise streßbedingte Herzkrankheiten.

Wenn Alkoholkranke nicht mehr als »Menschen zweiter Klasse« gesehen werden, dann wird sich etwas sehr Wesentliches einstellen: Die Betroffenen selbst werden sich viel eher und offener zu ihren gesundheitlichen Schwierigkeiten bekennen können. Dann wären sie auch in ihren eigenen Augen endlich das, was sie im Grunde sind: wertvolle und vollständige Menschen wie alle anderen.

Im zweiten Teil des Buches geht es um die Frage, was Angehörige eines unkontrolliert trinkenden Menschen unternehmen können. Ich werde beispielsweise beschreiben, wie Sie als Angehörige mit einem Betroffenen sprechen können. Es wird also um die Kommunikation mit Süchtigen gehen. Ich werde auch erläutern, welche Verhaltensweisen nicht zu Erfolgen führen können und was Sie besser unterlassen sollten. Sie können einen ausführlichen Fragebogen durcharbeiten und so erkennen, wo konkrete Ansatzpunkte für neue Sichtweisen und für ein verändertes Miteinander sind.

Ohne es zu beabsichtigen, machen Angehörige oft entscheidende Fehler im Zusammenleben mit alkoholkranken Mitmenschen. Manchmal tragen sie, ohne es zu bemerken, dazu bei, die Alkoholproblematik zu verfestigen. Wenn es gelingt, diese Fehler zu vermeiden, wird es möglich, die Situation neu zu gestalten. Angehörige haben die Chance, ihre Situation zu verbessern. Dabei können sie auch ihre Lebensqualität erhöhen.

Die von mir zusammengestellten Empfehlungen für Angehörige können sicherlich keine schlagartige Veränderung bewirken und den zum Weitertrinken entschlossenen Abhängigen kurzfristig »zur Vernunft bringen«. Wie schon erwähnt, gibt es keine Zauberformeln, schnellen Lösungen oder Patentrezepte. Die wirkliche Lösung eines Alkoholproblems ist zumeist ein jahrelanger Prozeß, der allen Beteiligten vielerlei abverlangt. Entschlossenheit, Konsequenz, Ausdauer und Geduld sind dabei wesentlich.

Genußtrinken und schädlicher Alkoholkonsum

Es geht mir nicht darum, das Alkoholtrinken in Bausch und Bogen zu verteufeln, denn nicht jeder Alkoholkonsum ist schädlich. Man muß zwei Trinkmuster unterscheiden, das Genußtrinken und das schädliche Trinken. Diese beiden Muster dürfen nicht miteinander verwechselt werden. Gelegentliches Genußtrinken gehört zum Leben vieler Menschen, manchmal kommt auch ein handfester Rausch dazu. Das Genußtrinken akzeptiere ich gern. Kritisch äußere ich mich zum süchtigen Alkoholkonsum, also einem unkontrollierten und schädlichen Trinken, unter dem der Betroffene selbst und seine Angehörigen leiden. Wenn Genußtrinken in zerstörerisches Alkoholtrinken umschlägt, ist es Zeit für Veränderungen. Noch wichtiger ist es, die Wahrnehmung für die Unterschiede zwischen den beiden Trinkformen zu schärfen. Zerstörerisches Trinken zu erkennen und notwendige Behandlungen einzuleiten ist eine Aufgabe, die viele Menschen angeht, nicht nur die Betroffenen selbst.

Wie Sie bemerken werden, verwende ich die Begriffe Alkoholismus, Sucht und Abhängigkeit, um ein und dasselbe zu bezeichnen. Abhängigkeit ist das im Krankenhaus und in den Lehrbüchern verwendete Wort für den Alltagsbegriff Sucht. Der

Begriff alkoholabhängiger Mensch bedeutet dasselbe wie der Alltagsbegriff Alkoholiker. Abhängig ist, wenn Sie so wollen, einfach ein vornehmeres Wort für süchtig. Gelegentlich spreche ich in dem Zusammenhang auch vom »unkontrollierten Trinken«. Wenn ich den Begriff Alkoholiker verwende, dann ist das keineswegs abwertend gemeint, sondern einfach eine andere Bezeichnung für einen alkoholkranken Menschen. Es ist keine Schande, Alkoholiker zu sein!

Der Begriff »trockener Alkoholiker« oder »abstinenter Alkoholiker« bezeichnet einen Menschen, der in seiner Vergangenheit süchtig Alkohol getrunken und sich dann zum völligen Alkoholverzicht entschlossen hat. Das Gegenteil davon ist der »nasse Alkoholiker«, also ein Alkoholabhängiger, der Alkohol weitertrinkt, obwohl er sich dadurch schädigt.

Alkoholismus als individuelles Problem und als Krankheitsmuster

Im weiteren werde ich ganz allgemein über Alkoholkrankheit und über alkoholkranke Menschen sprechen, obwohl es keinen Standardalkoholiker gibt.

Immer liegen bei einem Menschen sehr individuelle Alkoholprobleme vor. Jeder Alkoholabhängige ist anders und einzigartig.

Beispielsweise können manche Alkoholiker durchaus einige Wochen, vielleicht sogar Monate ohne einen Tropfen Alkohol leben, andere brauchen spätestens alle paar Stunden ein Quantum Alkohol.

Im Rahmen einer Behandlung ist es unerläßlich, auf die Besonderheiten jedes alkoholkranken Menschen einzugehen. Für Betroffene und deren Angehörige besteht die Möglichkeit, jederzeit kostenlos in einer Suchtberatungsstelle (siehe Seite 138) ein vertrauliches Gespräch mit einem Suchtberater zu führen.

Dennoch gibt es so etwas wie ein charakteristisches Muster der Alkoholkrankheit. In vielen Fällen ähneln sich die Krankheitsbilder und Schwierigkeiten bei der Alkoholabhängigkeit. Vieles ist typisch.

Ich werde in diesem Buch das Verhalten und Denken derjenigen Alkoholkranken beschreiben, deren Angehörige ich als Psychologe kennengelernt und beraten habe. Das sind zum größten Teil Alkoholabhängige, die ihre Krankheit nicht anerkennen beziehungsweise annehmen können. Ihre Angehörigen wenden sich typischerweise an Suchthelfer mit der Bitte um Rat und Unterstützung.

Das sollten Sie über Alkoholismus wissen

Das Ausmaß des Alkoholproblems in Deutschland

In der Bundesrepublik Deutschland leben nach offiziellen Schätzungen etwa 2,5 Millionen Alkoholiker. Wenn Sie sich die Zahl der Einwohner mit circa 80 Millionen vor Augen führen, dann wird klar, wie viele Menschen davon betroffen sind. Grob gesprochen sind es etwa 3 Prozent, also etwa jeder dreißigste. Machen Sie sich das mal klar: *Einer von dreißig Menschen ist alkoholkrank!* Das Alkoholproblem steht an der Spitze der allgemeinen Krankheitsliste, gleich neben Krebserkrankungen und Herzkrankheiten.

Etwa drei Viertel der alkoholkranken Menschen sind Männer und etwa ein Viertel Frauen. Frauen sind öfter von Medikamentenabhängigkeit beziehungsweise der kombinierten Medikamenten- und Alkoholabhängigkeit betroffen, in der Fachsprache »Polytoxikomanie« genannt.

Ein paar konkrete Zahlen

Nach Angaben von Suchtexperten sind die Folgen des Alkoholismus in Deutschland:

- 40.000 Todesfälle pro Jahr, durch Leberzirrhose, Krebs, Unfälle, Selbsttötungen und andere Ursachen,
- viele Unfälle im Straßenverkehr (etwa zwanzig Prozent aller tödlichen Unfälle),
- Unfälle am Arbeitsplatz und in der Freizeit,
- zahlreiche neugeborene Kinder, die durch den Alkoholkonsum der Mutter während der Schwangerschaft geschädigt wurden (FAS = Fetales Alkoholsyndrom/Alkoholembryopathie),

- schwere negative Auswirkungen auf Angehörige, Familien und die Gemeinschaft,
- außerordentliche Belastungen des Gesundheitswesens; Alkoholismus ist sozialmedizinisch gesehen eine der teuersten Krankheiten in Deutschland (Quelle: DHS = Deutsche Hauptstelle gegen die Suchtgefahren).

Insgesamt entstehen in der Bundesrepublik in jedem Jahr durch Alkoholismus Folgekosten im Höhe von 30 Milliarden DM, welche die Einnahmen des Staates aus der Alkoholsteuer in Höhe von circa 8 Milliarden DM um ein vielfaches übersteigen.

Der durchschnittliche Pro-Kopf-Verbrauch an Alkohol in Deutschland liegt europaweit an der Spitze, durchschnittlich trinkt ein Bundesbürger pro Jahr etwa 11,5 Liter reinen Alkohol. Auf die 15- bis 70jährigen umgerechnet ergibt das einen Durchschnittskonsum von etwa 14,5 Litern reinem Alkohol. Dies entspricht pro Bundesbürger im trinkfähigen Alter einem täglichen Bierverbrauch von etwa einem Liter beziehungsweise von 40 Gramm reinem Alkohol.

Allerdings ist in den letzten 13 Jahren festzustellen, daß der Alkoholverbrauch in Deutschland etwas rückläufig ist und um etwa 8 Prozent abnahm.

Die Krankheit in der Öffentlichkeit

Als ich 1992 in den neuen Bundesländern Seminare über Alkoholabhängigkeit für Sozialarbeiter abhielt, fragte ich die Teilnehmer zu Beginn nach ihrer Einschätzung, wie viele heroinabhängige Drogenkranke beziehungsweise Alkoholiker ihrer Meinung nach in den alten Bundesländern leben. Fast immer wurde geschätzt, daß die Anzahl der Drogensüchtigen höher ist als die der Alkoholiker. Beispielsweise schätzten die Seminarteilnehmer, daß es eine Million Drogenabhängige und eine halbe Million Alkoholiker in der Bundesrepublik gibt. Offensichtlich hielten sie den Bereich illegale Drogen für bedeutsamer als die Alkoholproblematik. Das fand ich sehr merkwürdig, da in den alten Bundesländern auf einen Drogensüchtigen etwa 25 Alkoholabhängige kamen. Sicherlich hing die krasse Fehleinschätzung der Teilnehmer mit der Darstellung der bundesdeutschen Verhältnisse in den ehemaligen DDR-Medien zusammen. Aber auch beim Lesen bundesdeutscher Zeitungen war mir immer wieder aufgefallen, wie ausführlich über Drogenopfer und wie wenig über Alkoholopfer berichtet wird. Ich hatte in der Vergangenheit manchmal den Eindruck, als müsse man die Alkoholkranken in Deutschland verstecken.

Dem gewaltigen Ausmaß des Problems stehen in der Öffentlichkeit auffallende Informationsdefizite gegenüber. Nur wenige Menschen wissen über die Alkoholkrankheit wirklich Bescheid, das gilt auch für viele Alkoholiker, die sich leider mehr für die Bundesligaergebnisse als für ihr Alkoholtrinken interessieren. Nicht nur das Ausmaß des Alkoholismus wird falsch eingeschätzt, es mangelt auch an Wissen über die Krankheit.

Die Einstellung in der Öffentlichkeit den Alkoholikern gegenüber, ja sogar die Einstellung der betroffenen Alkoholkranken sich selbst gegenüber, wird mehr durch falsche und schädliche Vorurteile beeinflußt als durch wirkliches Wissen um die Krankheit.

Das Bild des Alkoholikers in der Öffentlichkeit

In der Öffentlichkeit herrscht ein völlig falsches Bild von alkoholkranken Menschen. Alkoholiker gelten als willensschwach, labil, haltlos oder als mit Charakterfehlern behaftete Menschen, manchmal sogar als eine Art »Menschen zweiter Klasse«. Allzuoft wird auf Alkoholkranke herabgeschaut. Im Extremfall werden die Betroffenen sozial abgelehnt oder gar ausgegrenzt.

Bei den Betroffenen und auch bei den Angehörigen hat dies eine schwerwiegende Konsequenz. Betroffene fühlen sich minderwertig und verspüren Schuld- und Schamgefühle wegen des außerhalb der Norm liegenden Alkoholtrinkens. Auch die Angehörigen schämen sich, wenn das entgleiste Trinken und seine Folgeerscheinungen eine Art »Familienschande« sind. Diese Scham- und Schuldgefühle können mehr oder weniger bewußt sein. Das heißt, die Betroffenen sind sich vielleicht nur ansatzweise darüber klar, daß diese Gefühle im Zusammenhang mit dem Alkoholtrinken eine Rolle spielen. Meines Erachtens sind sie aber fast immer im Spiel.

Versuchen Sie als Angehörige immer, sich darüber klar zu werden, inwieweit Scham- und Schuldgefühle, beispielsweise auch durch das zu lange Tolerieren unkontrollierten Trinkens, bei der gemeinsamen Bewältigung des Alkoholproblems in Ihrer Familie eine Rolle spielen.

Übermäßig starke Schuld- und Schamgefühle äußern sich oft in der Verleugnung der Abhängigkeit. Dies zeigt sich in der Weigerung Betroffener und auch deren Angehöriger, die Existenz der Krankheit anzuerkennen. »Alkoholiker«, so argumentieren viele Alkoholkranke, die sich nicht zu ihrer Krankheit bekennen, »das sind die, die den Alkohol ständig brauchen«, oder »das sind die, die morgens schon zittern«, oder »die Penner und Wermutbrüder, die am Bahnhof herumstehen, aber ich doch nicht!« Alle denkbaren Gründe werden angeführt, um die eigene Betroffenheit – das Dazugehören zum Kreis der Abhängigen – zu leugnen. Die Wirklichkeit sieht jedoch anders aus: Von der Krankheit sind eben 2,5 Millionen Bundesbürger betroffen, und zwar Bürger aller sozialen Schichten, vom Direktor bis zum Tippelbruder, aller Berufe und verschiedener Altersgruppen.

Alkoholismus ist eine Krankheit, die nichts mit Willensschwäche, Haltlosigkeit oder gar Charakterlosigkeit zu tun hat. Alkoholiker sind in vielen Bereichen ausgesprochen willensstarke Menschen, nur beim Alkohol versagt ihre sogenannte Willenskraft.

Machen Sie sich als Betroffene und als Angehörige von den schäbigen und völlig falschen Vorurteilen gegenüber Alkoholkranken frei. Diese Vorurteile stammen von Menschen, die nichts von der Krankheit verstehen. Auch die sogenannten Penner am Bahnhof, eine relativ kleine Gruppe von Alkoholabhängigen, sind Kranke. Viele von ihnen haben sich in der Vergangenheit immer wieder geweigert, ihre Alkoholproblematik anzuerkennen und an einer Suchttherapie teilzunehmen. So sind sie zum Siechtum verurteilt. Sie sind jedoch nicht typisch für Alkoholkranke.

Sie brauchen als Angehöriger oder Betroffener keine Angst vor der Diagnose »Alkoholabhängigkeit« zu haben. Sehr viele Menschen leiden unter dieser Krankheit, und wir verfügen über gute Behandlungsmöglichkeiten.

Der Abbau von Vorurteilen gegenüber alkoholkranken Menschen ist eine der wichtigsten Aufgaben in der Suchtkrankenhilfe und geht alle Menschen in unserer Gesellschaft an. Wenn wir den Alkoholismus als eine Krankheitsform unter vielen ansehen und uns von Vorurteilen gegenüber alkoholkranken Menschen freimachen, dann können auch die Betroffenen selbst ihr Problem besser annehmen, sich zu ihrer Krankheit bekennen und über notwendige Veränderungen in ihrem Leben nachdenken.

Die Krankheitsanzeichen

Wie äußert sich die Krankheit, wann ist ein Mensch ein normaler Trinker, das heißt, er kann spontan und ohne nachteilige Folgen Alkohol genießen? Wann spricht man von einem Alkoholabhängigen beziehungsweise Alkoholiker?

Diese Fragen lassen sich nicht in einem Satz beantworten. Ganz allgemein kann gesagt werden, daß der Übergang zwischen starkem nichtsüchtigem Alkoholtrinken und abhängigem Alkoholtrinken fließend verläuft. Aus Alkoholprobieren wird mehrmaliger Alkoholkonsum, daraus regelmäßiges Trinken, dann Starktrinken mit Trinkexzessen und daraus unkontrolliertes Trinken mit Merkmalen des süchtigen Trinkmusters. Solange noch keine körperliche Alkoholabhängigkeit (siehe »Die Entzugserscheinungen«, Seite 28) vorliegt, gibt es fast nie ein eindeutiges Anzeichen, daß das schnelle Urteil »Dieser Mensch ist alkoholkrank« begründen könnte. Kein Psychologe oder Arzt kann normalerweise auf Grund eines einzelnen deutlichen Symptoms (= Anzeichen) ohne weitere Untersuchung einfach sagen, daß eine Alkoholkrankheit vorliegt. Vielmehr ist es ein Bündel von erkennbaren Anzeichen, die darauf hinweisen, daß Alkoholtrinken zum Alkoholismus geworden ist.

Wenn Alkoholtrinken zum Alkoholismus wird oder wenn eine Alkoholabhängigkeit vorliegt, zeigt sich das auf drei Ebenen:

- auf der sozialen Ebene (Zusammenleben mit anderen Menschen),

- auf der körperlichen Ebene (körperliche Begleiterscheinungen und Schäden, die durch das Trinken großer Mengen Alkohol hervorgerufen werden) und
- auf der psychologischen Ebene (typisches Verhalten, Denken und Erleben Alkoholkranker).

Die sozialen Anzeichen der Alkoholabhängigkeit

Der Betroffene selbst bemerkt sein entgleistes Alkoholtrinken zumeist nicht oder erst sehr spät. Es stellt sich schleichend ein. Schrittweise wird das Alkoholtrinken zur Sucht. Man kann dies mit einem kranken Zahn vergleichen, den man erst durch Schmerzen bemerkt, wenn der Schmelz bereits durchbrochen ist. Ähnlich verhält es sich bei der Alkoholkrankheit. Oftmals zeigen sich die ersten Anzeichen der Alkoholkrankheit im sozialen Bereich, das heißt im Zusammenleben mit anderen Menschen. Die Angehörigen eines Suchtkranken bemerken die Krankheit oft viel eher als die Betroffenen selbst. Und so äußert sie sich:

- Wiederholte Diskussionen und schwerwiegende Meinungsverschiedenheiten über das Alkoholtrinken sowie offene und indirekte Kritik am Trinkverhalten.
- Schwierigkeiten, Streit oder gar Zerwürfnisse in der Familie oder mit befreundeten Personen wegen des exzessiven Alkoholkonsums.
- Abwendung von vielen ehemaligen Freunden und Bekannten, wenn diese das exzessive Alkoholtrinken offen oder indirekt mißbilligen.
- Der Trinker sucht aktiv Situationen auf, in denen reichlich getrunken wird. Er bevorzugt die Gesellschaft von Menschen, mit denen er große Mengen Alkohol trinken kann, und umgibt sich mit »Trinkkumpanen«.
- Die Gespräche über das Alkoholtrinken zwischen Angehörigen und unkontrolliert Trinkendem werden unfruchtbar: Der Trinker verleugnet und bagatellisiert das problematische Alkoholtrinken. Lügen, Verdrehungen und Täuschungen überschatten das Gespräch. Der Alkoholkranke sieht sich selbst

als Normaltrinker, und die Kritik an seinem Trinkverhalten hält er für unberechtigt. Sein exzessives Trinken rechtfertigt er mit »guten Gründen«. All dies macht das Zusammenleben mit Alkoholkranken so schwer, und es gehört zum typischen Verlauf einer Alkoholkrankheit.

- Im Extremfall führt der Angesprochene sein unkontrolliertes Alkoholtrinken auf ständiges Kritisieren durch andere zurück. Allzuoft geraten die Angehörigen in den Strudel der Realitätsverzerrung und wissen gar nicht so genau, was eigentlich los ist, oder sind sich ihrer Gefühle unsicher.
- Der Alkoholtrinker leugnet, Alkohol getrunken zu haben, obwohl deutliche Anzeichen dafür vorhanden sind, beispielsweise eine »Alkoholfahne«.
- Der Alkoholtrinker sucht die Schuld für Schwierigkeiten bei anderen Menschen, und er schiebt Verantwortung ab. Beispielsweise sieht er selbst sich als das Opfer unfairer Mitmenschen. Oft gelingt es ihm sogar, andere als Schuldige darzustellen.
- Der Abhängige wird zunehmend unfähiger, Verantwortung für sein Leben zu übernehmen. Oft nehmen ihm dann die Außenstehenden fälschlicherweise Aufgaben und Verantwortung ab.
- Es stellt sich allmählich eine Abnahme der beruflichen beziehungsweise der körperlichen Leistungsfähigkeit ein. Dies führt oftmals zu berechtigter Kritik am Arbeitsplatz.
- Wenn sich die Situation zuspitzt, stellen sich ernste Schwierigkeiten am Arbeitsplatz wegen Alkoholtrinkens in der Arbeitszeit oder wegen häufigen alkoholbedingten Fehlens am Arbeitsplatz ein. Im Extremfall kommt es zum Verlust des Arbeitsplatzes.
- Gelegentlich zeigen sich Gesetzesübertretungen unter Alkoholeinfluß und typische Delikte wie Raufereien in der Kneipe, Autofahren im alkoholisierten Zustand und ähnliches. Manchmal wird der Führerschein entzogen, was oft als besonders unangenehm angesehen wird.
- Abhängige ziehen sich immer wieder von anderen Menschen zurück. Im Extremfall vernachlässigen sie sich selbst.

Wenn auf einen Menschen mehrere dieser Anzeichen zutreffen, dann ist sein Alkoholtrinken sehr heikel, wahrscheinlich ist es schon zur Sucht geworden.

In der Übergangsphase zum süchtigen Trinken fallen in Gesprächen mit den Betroffenen insbesondere die Verleugnungs- und Bagatellisierungstendenzen auf. Der Alkoholtrinker sperrt sich gegen das Thematisieren seines unkontrollierten Trinkens. Er nimmt die Wirklichkeit verzerrt wahr und verleugnet viele Tatsachen im Zusammenhang mit dem Alkoholtrinken. Dies macht die Verständigung mit ihm für die Angehörigen besonders schwer. Manchmal gelingt es ihm sogar, die Angehörigen von seinen verzerrten Ansichten und unrealistischen Bewertungen zu überzeugen. Dies kann beispielsweise dazu führen, daß sich ein Angehöriger als Verursacher des unkontrollierten Trinkens sieht und sich schuldig oder zumindest mitschuldig fühlt. »Du bist schuld daran, daß ich trinke!« Dies ist natürlich eine vollkommen unsinnige Behauptung.

Wenn sich die Abhängigkeit verfestigt hat, führt sie fast immer zu vielerlei schweren Komplikationen im Zusammenleben mit anderen Menschen. Diese Komplikationen sind Bestandteil jeder Suchtkarriere.

Die körperlichen Anzeichen der Alkoholabhängigkeit

Der zweite Bereich, in dem sich die Alkoholkrankheit bemerkbar macht, ist der körperliche Bereich. In geringen Mengen getrunkener Alkohol verursacht im gesunden Körper keinen Schaden, und der Alkohol wird leicht abgebaut. In größeren Mengen getrunken ist Alkohol schädlich, und er kann bei übermäßigem Konsum zum frühzeitigen Tod führen.

Die Toleranzerhöhung

Wer regelmäßig viel Alkohol trinkt, kann nach einiger Zeit immer mehr Alkohol vertragen. Während der ungeübte Alkoholtrinker anfänglich schon nach drei Glas Bier eine deutliche Alkoholwirkung verspürt, stellt der Starktrinker nach einigen Jahren Trinkpraxis fest, daß er sich beispielsweise nach sechs Gläsern Bier noch völlig nüchtern fühlt. Es scheint, als habe er lediglich Limonade getrunken. Erst nach ein oder zwei weiteren Gläsern verspürt er eine deutliche Alkoholwirkung. Dieses Phänomen wird alltagssprachlich auch erhöhte Trinkfestigkeit oder »Standfestigkeit« genannt. In medizinischen Begriffen: Auf der physiologischen (= die Funktionen des Organismus betreffenden) Ebene tritt beim starken Alkoholtrinken eine Alkoholtoleranzerhöhung auf. Der Alkohol wird besser vertragen (toleriert). Diese erhöhte Alkoholtoleranz zeigt sich als Fähigkeit oder als Bedürfnis, immer größere Mengen Alkohol zu trinken. Der alkoholgewöhnte Trinker kann nur so die erwünschte Wirkung erzielen. Trinkt er ständig gleichbleibende Mengen, tritt eine deutlich verminderte Wirkung ein. Der süchtige Alkoholtrinker benötigt üblicherweise immer mehr Alkohol, und er trinkt immer mehr. Dabei wirkt er häufig trotz der großen Trinkmenge auf die Menschen in der Umgebung nicht betrunken, man merkt ihm den Alkohol nicht an.

Eine stark erhöhte Alkoholtoleranz stellt einen klaren Hinweis dar, daß ein Mensch über einen längeren Zeitraum hinweg größere Mengen Alkohol getrunken hat. Sie ist ein Warnsignal und oft ein Schritt in Richtung Abhängigkeit.

Die Betroffenen wundern sich manchmal selbst darüber, daß sie wesentlich größere Mengen Alkohol trinken können als ihre Mittrinker oder daß sie sich noch fit fühlen, wenn die anderen schon »unter dem Tisch liegen«.

Es gibt auch Hinweise darauf, daß Menschen von Natur aus unterschiedlich auf Alkohol reagieren. Manche Menschen entwickeln demnach schnell eine erhöhte Alkoholtoleranz, das heißt, sie bilden schnell eine hohe »Standfestigkeit« aus. Diese Menschen sind insofern alkoholgefährdet, als sie schon nach kurzer Trinkerfahrung dazu neigen, große Mengen Alkohol zu trinken. Welche maximale Alkoholmenge ein Starktrinker aufnehmen kann, ist sehr unterschiedlich. Ich habe Patienten gesprochen, die täglich drei Flaschen Schnaps tranken und ihr Verhalten immer noch kontrollieren konnten.

Hohe Blutalkoholkonzentration beim Autofahren

Man kann die Alkoholtoleranzerhöhung durch eine Bestimmung der Blutalkoholkonzentration, abgekürzt »BAK«, ermitteln. Man mißt dabei, wieviel Alkohol sich im Blut eines Menschen befindet, und gibt das Ergebnis der Messung in Promille an. Je höher der Promillewert, umgangssprachlich die »Promille«, desto mehr Alkohol hat der Betroffene getrunken. Die Polizei greift auf diese Untersuchung bei der Bestimmung der Fahrtüchtigkeit zurück. Die Promilleuntersuchung ist ein ausgesprochen zuverlässiger Hinweis darauf, wieviel Alkohol ein Mensch zu sich genommen hat. Daher gibt es genaue Regelungen, bei wieviel »Promille« welche Bußgelder beziehungsweise Strafen verhängt werden. Die gefühlsmäßige Befindlichkeit beim Alkoholtrinken hat übrigens kaum einen Einfluß auf die festgestellten »Promille«.

Ein Beispiel: Ein Kraftfahrer hat bei einer Blutuntersuchung einen Alkoholgehalt von über 1,6 Promille und verspürt dabei nur wenig oder keinerlei Alkoholwirkung. Dieser Kraftfahrer hat eine deutlich erhöhte Alkoholtoleranz. Um überhaupt eine derart hohe BAK (»Promille«) zu erreichen, muß der Kraftfahrer vor Fahrtantritt eine große Alkoholmenge zu sich genommen haben, zum Beispiel zwei bis drei Flaschen Wein im Verlauf eines

Abends. Diese beachtliche Trinkfestigkeit setzt üblicherweise ein länger dauerndes intensives »Trinktraining« voraus, in dessen Verlauf viele Alkoholtrinker die Grenze zur Abhängigkeit überschreiten. Zumindest hegt die Straßenverkehrsbehörde bei höheren »Promillewerten« den Verdacht, daß bei dem Fahrer ein unkontrolliertes Alkoholtrinken im Spiel ist. Wohl niemand kann ohne intensives Trinktraining zwei Flaschen Wein leeren, sich fahrtüchtig fühlen und dann noch ein Auto in Gang bringen. Das ist auch der Grund dafür, daß ein Kraftfahrer nach einer Trunkenheitsfahrt mit hohen Promillewerten auf seine prinzipielle Eignung als Fahrer untersucht wird.

Im Gegensatz zum alkoholgewöhnten Starktrinker fühlt sich ein Normaltrinker bei etwa 0,8 bis 1,3 Promille deutlich alkoholisiert oder sogar total betrunken und möchte keinen weiteren Alkohol mehr trinken. Weitergehende Trinkangebote lehnt er entschieden ab. Höhere Promillewerte als etwa ein Promille werden üblicherweise von Normaltrinkern nicht erreicht. Ich selbst war bei einem Trinkversuch unter wissenschaftlicher Aufsicht bei 0,9 Promille so betrunken, daß ich kaum noch laufen konnte, geschweige denn in der Lage gewesen wäre, mich in ein Auto zu setzen.

Erstaunlicherweise können viele Kandidaten bei Fahreignungsuntersuchungen, die mit hohen Promillewerten im Straßenverkehr aufgefallen sind, gar nicht so recht verstehen, warum sie sich dieser für sie rätselhaften Befragung durch den Psychologen unterziehen sollen. Fälschlicherweise gehen sie zumeist davon aus, daß ihr Trinkverhalten »ganz normal« ist.

Hohe und sehr hohe Promillewerte bei Trunkenheitsfahrten sind also eindeutige Hinweise auf ungewöhnliches Trinkverhalten und sehr ernste Warnsignale, insbesondere, wenn sich der alkoholisierte Fahrer subjektiv noch voll fahrtauglich fühlt.

Der Toleranzknick

Nach vielen Jahren süchtigen Alkoholtrinkens kehrt sich der Toleranzerhöhungseffekt in einigen Fällen auch um: Der sogenannte Toleranzknick oder Toleranzbruch tritt ein. Der Körper des Alkoholtrinkers, insbesondere seine Leber, ist dann so sehr durch die jahrelange Überbeanspruchung geschädigt, daß er den Alkohol nur noch langsam abbauen kann. Der Alkohol bleibt länger im Körper des Trinkers, und schon relativ geringe Mengen haben eine kräftige Wirkung. Der früher so standfeste Alkoholtrinker fühlt sich schon nach wenigen Gläsern kräftig alkoholisiert. Seine Bekannten sagen dann beispielsweise: »Er verträgt nicht mehr so viel.« Auch nach einigen Stunden Schlaf hat der Alkoholkranke noch Alkohol im Blut, Restalkohol genannt. Dieser wird nicht mehr richtig abgebaut. Man kann das auch daran merken, daß der Betroffene noch morgens eine »Fahne« hat, obwohl er abends nicht sehr viel getrunken hatte. In diesem Stadium ist eine Behandlung dringend erforderlich, denn die Körperschäden sind weit fortgeschritten.

Die Entzugserscheinungen

Alkoholentzugssymptome zeigen sich als körperliches Kranksein mit morgendlichem Zittern (Tremor), erhöhtem Pulsschlag, Blutdruckerhöhung und Gefühlen der Angst und Unruhe. Dies wird in der Alltagssprache auch »Flattern« genannt. Diese sehr ernsten und unangenehmen Störungen verschwinden sofort nach Einnahme einer geringen Menge Alkohol. Nach einem Glas Kognak fühlt sich der abhängige Trinker besser. Die Entzugserscheinungen sind sofort weg. Verständlicherweise greift ein Alkoholabhängiger, der Entzugserscheinungen verspürt, zumeist morgens schon zur Flasche und trinkt zunächst einmal einen sogenannten »Flatterschluck«, damit es ihm besser geht. Dieser Vorgang wiederholt sich in der Folgezeit allzu leicht, und Trinkpausen werden für den körperlich abhängigen Alkoholiker fast unmöglich. Er trinkt ständig. Das Trinken beenden kann er nur, wenn er zumindest einige Stunden lang die unangenehmen Entzugserscheinungen aushält. Das nimmt ein Abhängiger nur im Notfall auf sich, beispielsweise bei akutem Geldmangel.

Der Grund für Entzugssymptome ist Alkoholmangel, da sich der Körper an die ständige Alkoholzufuhr gewöhnt hat. Ohne Alkohol funktioniert er nicht normal. Man kann ihn in dieser Situation mit einem schnell laufenden Motor vergleichen, dem das Motoröl ausgegangen ist. In dieser Phase ist der Alkoholkonsument zum Spiegeltrinker geworden, also zum Alkoholiker, der ständig einen bestimmten Alkoholspiegel im Blut braucht und aufrechterhält. Im Fachkrankenhaus wird dies als *Delta-Alkoholismus* bezeichnet.

Wer öfter Alkoholentzugssymptome verspürt, ist körperlich alkoholabhängig!

Wenn der körperlich abhängige Trinker das Alkoholtrinken beendet, verspürt er also unangenehme Entzugssymptome. Trinkt er dann keinen Alkohol und »zittert« er eine Zeitlang, dann verschwinden diese Störungen wieder von selbst. Der Körper wird sich spätestens nach einigen Tagen Abstinenz, das heißt Nichttrinken oder »Trockenheit«, wieder an ein normales Funktionieren ohne Alkohol gewöhnen.

Ein erneutes Alkoholtrinken, also ein Rückfall, wird über kurz oder lang wieder dazu führen, daß nach der Phase des Ständig-mehr-Trinkens wiederum Entzugssymptome auftreten, wenn die Alkoholaufnahme reduziert oder beendet wird. Wenn ein alkoholkranker Mensch trotz Alkoholentzugserscheinungen weitertrinkt, wird die körperliche Alkoholabhängigkeit im Laufe der Jahre immer stärker werden. Die Entzugsphasen werden immer länger dauern und immer heftiger werden. Parallel dazu steigt der Alkoholbedarf, und die Sucht verfestigt sich.

Die Entzugssymptome sind die deutlichsten Anzeichen der Alkoholkrankheit. Zumeist ist die Krankheit schon ziemlich weit fortgeschritten, wenn sich Entzugserscheinungen bei einem Alkoholtrinker einstellen. Sind sie erst einmal im Leben eines Trinkers aufgetreten, so liegt mit Sicherheit eine Alkoholabhängigkeit vor, genauer gesagt, eine körperliche Alkoholabhängigkeit. Oft geht sie parallel mit einem morgendlichen würgenden Brechreiz, der ebenfalls mit einem Schluck Alkohol weggeht.

Gleichzeitig wissen wir, daß nicht jeder Alkoholkranke einen körperlichen Entzug beim Beenden des Alkoholtrinkens verspürt.

Nicht jeder Alkoholiker ist körperlich abhängig, »zittert schon morgens« oder »braucht ständig den Alkohol«.

Nur eine Minderheit von etwa 20 Prozent der Patienten in bundesdeutschen Fachkrankenhäusern sind körperlich alkoholabhängig, etwa zwei Drittel der Patienten sind psychisch abhängig. Die Experten sprechen bei psychisch abhängigen Alkoholikern vom *Gamma-Typ*.

Mit Sicherheit liegt eine Alkoholabhängigkeit vor, wenn bei einem Menschen öfter Entzugserscheinungen auftreten. Umgekehrt folgt aus dem Fehlen der Entzugssymptome nicht, daß keine Alkoholabhängigkeit vorliegt! Auch wenn Entzugssymptome fehlen, kann eine Alkoholkrankheit vorliegen, nämlich eine psychische Abhängigkeit. Achtung: Auch wer morgens nicht »zittert«, kann alkoholabhängig sein!

Alkoholbedingte Körperschäden

Unkontrolliertes Alkoholtrinken führt nicht nur zu vielerlei Schwierigkeiten im Zusammenleben mit anderen Menschen, übermäßiges Trinken ist ausgesprochen ungesund. Durch das Trinken zu großer Mengen Alkohol werden im einzelnen folgende Körperschäden oder Krankheiten verursacht:

- Magenschädigungen wie Magenschleimhautentzündungen und Magengeschwüre (Gastritis, chronische Gastritis),
- die oft erwähnten Leberschädigungen wie Fettleber (Steatosis hepatis) oder Leberzirrhose (Cirrhosis hepatis, Parenchymschaden). Achtung: Die Leber ist ein lebenswichtiges Organ. Ist sie zerstört, treten das Leberkoma (Coma hepaticum) und dann der Tod ein.
- Schädigungen der Bauchspeicheldrüse (Pankreatitis),
- Nervenschäden verschiedener Art (Polyneuropathien). Dies kann sich beispielsweise als Störung beim Gehen äußern.

- Bei Männern können Potenzstörungen auftreten, oder die Zeugungsfähigkeit kann eingeschränkt sein,
- leichte und schwere Schädigungen des Gehirns, beispielsweise epileptische Entzugsanfälle, Gedächtnisstörungen oder im Extremfall das Korsakow-Syndrom (= Gehirnschädigung mit Gedächtnisstörungen und Desorientierung).
- Alkoholgenuß wirkt sich bei vielen Krankheiten ungünstig aus, beispielsweise bei Herzkrankheiten oder Hauterkrankungen (Neurodermitis, Schuppenflechte).

Ganz allgemein kann man sagen, daß Alkohol in höherer Dosierung ein Zellgift ist. Alkohol kann jede lebende Zelle schädigen, wenn auch nur ganz langsam. Die Körperschäden treten im Regelfall erst nach einer langen Zeit süchtigen Alkoholtrinkens auf. Wie ausgeprägt körperliche Schäden bei einem Menschen auftreten werden, läßt sich nicht genau vorhersagen, da jeder Organismus individuell auf die Zufuhr von Alkohol reagiert. Manche Trinker werden sehr schnell ernsthaft krank, die überwiegende Mehrheit wird erst nach jahrelangem süchtigen Trinken so krank, daß sie sich zu einer Änderung ihrer Trinkgewohnheiten entschließt beziehungsweise sich entsprechende Hilfe sucht.

Als grober Durchschnittswert läßt sich sagen, daß nach der DHS (Deutsche Hauptstelle gegen die Suchtgefahren) für einen Mann circa 40 Gramm reiner Alkohol oder mehr pro Tag und für eine Frau circa 20 Gramm reiner Alkohol oder mehr als schädliche Dosis gilt. Das sind alles in allem recht geringe Mengen. In Bier umgerechnet ergibt dies: 1 Liter Bier entspricht etwa 40 Gramm reinem Alkohol und 0,5 Liter Bier etwa 20 Gramm reinem Alkohol. Jeder Mensch, der über längere Zeit hinweg mehr trinkt, riskiert ernste Körperschäden.

Völlig zu Unrecht werden die erwähnten Leberschäden oftmals vom Betroffenen und Menschen in seinem Umfeld als das Hauptproblem angesehen. Sie stellen nur einen Teilaspekt des Krankheitsgeschehens dar.

Dank der guten Lebensbedingungen und medizinischen Versorgung gibt es eine beachtliche Anzahl von Alkoholikern, die eine relativ intakte Leber haben, aber sonst durch den Alkohol alles im Leben verloren haben. Auch können beispielsweise erhebliche Nervenschäden auftreten, ohne daß die Leber zerstört worden ist. Im Hinblick auf die Frage, ob jemand alkoholabhängig ist oder nicht, kann man eins ganz sicher sagen:

Jeder Mensch, der durch sein Alkoholtrinken Körperschäden erlitten hat, ist alkoholabhängig, wenn er trotz ärztlicher Ermahnungen weitertrinkt. Anders formuliert: Jeder, der weitertrinkt, obwohl er seinen Körper nachweislich damit schädigt, ist Alkoholiker.

Wenn der Arzt ein Alkoholverbot oder eine deutliche Mäßigung verordnet hat und dies nicht befolgt wird, liegt eine Alkoholabhängigkeit vor (siehe dazu »Wann ist jemand Alkoholiker?«, Seite 56). Körperliche Folgeschäden des süchtigen Alkoholtrinkens sind etwas sehr Ernstes. Eine immer weiter fortschreitende Alkoholkrankheit mit schweren Körperschäden führt zum frühzeitigen Tod. Leider habe ich schon Menschen, manchmal sogar Patienten unter 35 Jahren, im Krankenhaus an den körperlichen Folgeschäden des unbehandelten Alkoholismus sterben sehen.

Im Zusammenhang mit den medizinischen Aspekten möchte ich folgendes hervorheben:

Körperliche Schäden durch Alkohol sind immer die Folgen der Alkoholabhängigkeit, also des süchtigen Trinkens. Wer sich ausschließlich medizinisch-körperlich behandeln läßt und seinen Blick nur auf die körperliche Seite ausrichtet, handelt selbstzerstörerisch. Zumindest verhält er sich ausgesprochen unklug. Der Alkoholismus ist in erster Linie eine psychische Angelegenheit beziehungsweise ein Verhaltensproblem.

Zuerst liegt das süchtige Trinken vor, später kommen die körperlichen Schäden dazu. Die richtige Behandlung setzt beim Alkoholtrinken an, nicht »an der Leber«. Die allermeisten Körperschäden bilden sich bei Alkoholabstinenz von selbst zurück.

Alkoholabstinenz ist in jedem Fall »die beste Medizin«.

Auch wenn immer wieder in der Presse marktschreierisch über neue Wunderpillen bei Schwierigkeiten im Umgang mit Alkohol berichtet wird, gilt eines: Es gibt keine Medizin oder Pille gegen die Alkoholkrankheit. Spezielle Medikamente können helfen, kurz- und mittelfristig Krisensituationen zu meistern. Sie können auch in der Anfangsphase der Alkoholabstinenz bei geeigneten Patienten eingesetzt werden. Über einen bestimmten Zeitraum hinweg können sie einen Beitrag bei der Stabilisierung der psychischen Verfassung leisten. Zur eigentlichen Ursachenbehandlung, erst recht als Alternative zur Suchtberatung, taugen sie nicht.

Keineswegs dürfen Medikamente als Ersatz für eine psychologisch ausgerichtete Suchttherapie eingesetzt werden.

Der auf Körpervorgänge spezialisierte Arzt spielt bei der Behandlung eine wichtige Rolle, insbesondere in der Anfangsphase der Behandlung und wenn er den Patienten in eine geeignete Einrichtung zur Suchtbehandlung überweist. Er selbst kuriert in den allermeisten Fällen nicht die Grundstörung »süchtiges Alkoholtrinken«. Das ist die Aufgabe der Suchtexperten und Selbsthilfegruppen.

Die eigentliche Suchtbehandlung setzt in diesem Fall bei den psychisch bedingten Fehlentwicklungen an. Um diese psychologische Ebene wird es im folgenden gehen.

Körperliche Schäden durch Alkohol, wie beispielsweise Magen- oder Leberschäden, sind die Folgen der Alkoholkrankheit. Die eigentliche Ursache ist das Suchtverhalten, das schädliche Alkoholtrinken. Die Behandlung darf sich nie auf die Organschäden beschränken, sondern setzt beim selbstschädigenden Verhalten, dem Alkoholtrinken, an.

Alkoholismus aus psychologischer Sicht

Aus psychologischer Sicht ist das herausragende Merkmal der Alkoholabhängigkeit die Süchtigkeit. Der Abhängige verspürt das unwiderstehliche Verlangen oder den unbezwingbaren Wunsch, Alkohol zu trinken. Dabei ist der Wunsch stärker als der feste Vorsatz oder Entschluß, nicht zu trinken.

Dieser Vorgang wird von Laien oftmals als das Resultat der »Willensschwäche« des Betroffenen gedeutet. Dabei wird das unkontrollierte Trinken auf die zugrundeliegende Ursache »Willensschwäche« zurückgeführt. Hier liegt ein schwerwiegender Denkfehler vor! Denn im Grunde *ist* das unbezwingbare Trinkverlangen die Krankheit, die »Willensschwäche« *ist* der Kern oder das Wesen der Störung. Klarer formuliert:

Die sogenannte Willensschwäche ist das Problem des Alkoholkranken. Sie ist aber keineswegs die zugrundeliegende Ursache seines in die Sucht entgleisten Alkoholtrinkens!

Das Nicht-willentlich-aufhören-Können mit dem Alkoholtrinken zeichnet den Alkoholkranken aus, es unterscheidet ihn vom Normaltrinker. Der kann aus dem eigenen Entschluß heraus oder vermittels seiner »Willenskraft« das Alkoholtrinken beenden oder einschränken.

Und genau dieser Punkt ist nach meinen Beobachtungen der Hauptgrund für Mißverständnisse in den Gesprächen zwischen Normaltrinkern und abhängigen Alkoholtrinkern und führt häufig zu Streitereien. Wenn über eine Angelegenheit geredet wird, tendieren Menschen dazu, von ihren eigenen Erfahrungen auf die Erfahrungen anderer zu schließen. Genau das funktioniert bei der Alkoholabhängigkeit nicht. Der Normaltrinker kann sein Alkoholtrinken kontrollieren oder einschränken, wenn er will oder wenn es erforderlich ist. Folglich schlägt er im Gespräch als Lösung vor, daß der alkoholkranke Gesprächspartner auch so verfahren soll. Damit jedoch verlangt er etwas schlicht Unmögliches vom Abhängigen, eine Lösung des Dilemmas wird unerreichbar. Könnte der Alkoholkranke direkt durch »Willenskraft«

sein Trinken kontrollieren, dann hätte er das schon längst getan! Er möchte es ja selbst eingrenzen, ist dazu aber nicht in der Lage. Allerdings gibt er das ungern offen im Gespräch zu, da seine Erfahrung, das Alkoholtrinken nicht mehr steuern zu können, zu erschreckend ist.

Dieses Nichtverstehen rührt letztendlich daher, daß ein Nichtabhängiger sich in die Situation des Alkoholkranken nicht hineinversetzen kann. Er verfügt ja nicht über die Erfahrung, daß sein Trinkwunsch stärker ist als sein fester Vorsatz oder Wille, nicht zu trinken. Ich sage Angehörigen immer, daß der Appell an die Willenskraft des Alkoholikers genauso unsinnig ist wie der Vorwurf an einen Menschen mit Gipsverband am Bein, daß er hinkt.

Durch Appelle an die Willenskraft kann es also nicht funktionieren! Psychologen sprechen sowieso nicht gern vom »Willen« eines Menschen oder von »Willensschwäche«, da sich der Wille eines Menschen schlecht beobachten und erforschen läßt. Darüber hinaus bergen die sich immer wiederholenden Diskussionen die Gefahr in sich, daß bei den Angehörigen oder Freunden des Alkoholkranken Enttäuschungen und Ärger aufkommen, da die guten Ratschläge nicht angenommen werden. Für den Alkoholkranken wird die Situation auch immer schwieriger. Zu Recht hat er nach einiger Zeit das Gefühl, daß niemand ihn richtig versteht oder daß die anderen Menschen nur darauf abzielen, ihm Schwierigkeiten zu machen.

Debatten über die »Willensschwäche«, Appelle an die »Willenskraft« oder ähnliches sind bei einer Alkoholabhängigkeit sinnlos und auf die Dauer schädlich.

Die psychischen Anzeichen der Alkoholabhängigkeit

Neben dem unbezwingbaren Wunsch oder Verlangen nach Alkohol sind aus psychologischer Sicht noch die folgenden Anzeichen typisch für die sich anbahnende, entwickelnde und immer weiter fortschreitende Alkoholabhängigkeit. Dabei sind die psychologischen Merkmale drei Phasen zugeordnet, der Frühphase, der mittleren Phase und der Spätphase. In den fünfziger Jahren beschrieb erstmals der amerikanische Alkoholismusforscher Dr. Jellinek den Verlauf der Alkoholkrankheit.

Die Frühphase

Zu dieser Zeit bewegt sich der Alkoholtrinker noch im Grenzbereich zwischen Starktrinken und süchtigem Trinken. Typische Verhaltensweisen und Anzeichen dieser Phase sind:

- Immer häufiger sucht der Starktrinker Menschen und Umgebungen auf, wo reichlich getrunken wird. Er sucht die Gesellschaft Gleichgesinnter. In vielen Fällen kommt es zu alkoholischen Wochenendexzessen.
- Alkohol wird zunehmend unverzichtbar. So kann beispielsweise der ansonsten schüchterne oder ängstliche Mensch selbstbewußt auftreten und aus sich herauszugehen. Alkohol wird zum unverzichtbaren »Enthemmungsmittel«. Möglicherweise wird der Mensch durch Alkohol umgänglicher.
- Der Griff zur Flasche bei Ärger und Streß wird immer mehr zur festen Gewohnheit. Der Alkohol verschafft Erleichterung, und das Erleichterungstrinken kommt immer häufiger vor.
- Es kommt zum heimlichen Trinken.
- Der Alkoholgefährdete denkt häufig an Alkohol. Er lebt sozusagen in einer Alkohol- beziehungsweise Suchtstoffwelt. Später beherrscht das Thema Alkohol sein Denken völlig.
- Er wird immer unfähiger, anstehende Schwierigkeiten zu bewältigen und Spannungen nüchtern zu ertragen. Er scheut Konfrontationen, geht Schwierigkeiten aus dem Weg. Notfalls greift er zu Lügen.

- Der gefährdete Trinker verspürt Schuldgefühle und Gewissensbisse wegen seines Trinkens.
- Er redet ungern über das Thema Alkohol, über andere Dinge hingegen kann er detailliert und ausführlich erzählen.
- Nach heftigen Trinkexzessen erinnert sich der Starktrinker an manches überhaupt nicht, er hat einen »Fadenriß«, in der Fachsprache »Blackout« genannt. Diese Fadenrisse werden immer häufiger.

Manche Menschen erkennen in dieser Phase, daß ihr Alkoholtrinken kritisch geworden ist. Beispielsweise empfinden sie es als störend, daß sie häufig an Alkohol denken müssen. Daraufhin reduzieren sie ihren Alkoholkonsum erheblich, und es gelingt ihnen, den Einstieg in das süchtige Trinken zu vermeiden. Beim späteren Alkoholiker ist es anders, seine Alkoholkarriere schreitet weiter fort in die mittlere Phase.

Der Einstieg in die Abhängigkeit – die mittlere Phase

Traditionell wird der Einstieg in die Alkoholabhängigkeit mit dem Kontrollverlust in Zusammmenhang gebracht. Viele Experten halten den Kontrollverlust für das Überschreiten der Grenzlinie zum süchtigen Trinken. Was versteht man unter dem Kontrollverlust? Nach dem Trinken schon sehr kleiner Mengen Alkohol verspürt der Alkoholtrinker das unwiderstehliche Verlangen weiterzutrinken. Er ist nicht mehr in der Lage, sein Trinken zu kontrollieren. Diese charakteristische Erfahrung wird in der Fachsprache Kontrollverlust genannt und kann sich beispielsweise folgendermaßen abspielen: Ein psychisch abhängiger Alkoholtrinker trinkt zwei Gläser Bier und dann plötzlich immer weiter, bis er umfällt. Anfänglich hatte er das gar nicht so geplant. Er wollte doch nur zwei Gläser Bier zu sich nehmen.

Manchmal beschreiben süchtige Trinker den Kontrollverlust als die Erfahrung, daß »die andere Person in ihnen wach wird«. Typisch sind auch die Aussagen vieler Trinker mit Kontrollverlust: »Nach ein paar Gläsern Bier fängt bei mir der Durst erst richtig an« oder: »Ich kann nie nach nur einem Glas aufhören«. Angehörige formulieren es oft so: »Er kann kein Ende finden.«

Durch eine geringe Alkoholmenge wird ein nicht steuerbarer Trinkexzeß ausgelöst, der als Kontrollverlust bezeichnet wird. Beim Kontrollverlust handelt es sich um einen psychischen Vorgang. Es ist schon passiert, daß süchtige Alkoholtrinker nach dem Genuß eines alkoholfreien Getränkes einen Kontrollverlust erlitten, weil sie irrtümlicherweise annahmen, Alkohol zu sich genommen zu haben.

Wer schon einmal Kontrollverluste erlitten hat, wird auch in Zukunft sein Trinken nicht mehr zuverlässig steuern können und ist demzufolge alkoholabhängig. Die Betroffenen selbst bemerken oftmals nicht, daß sie die Kontrolle verloren haben. Andere Alkoholabhängige ahnen zwar, daß sie die Grenzlinie zum unkontrollierten Trinken überschritten haben, leugnen jedoch den Kontrollverlust. Viele Alkoholiker erkennen erst im Verlauf einer längeren Suchttherapie, daß sie schon vor vielen Jahren einen Kontrollverlust erlitten haben.

Zu den Charakteristika der mittleren Phase gehören ferner:

- Der Betroffene ist unfähig, seine Situation und Verfassung realistisch zu erkennen. Er verzerrt, verleugnet und verdrängt die Wirklichkeit (siehe auch »Bagatellisieren, Verharmlosen und Verleugnen«, Seite 88), insbesondere, wenn es um das Alkoholtrinken und dessen Konsequenzen geht. Meistens streitet er hartnäckig ab, daß sein Trinken heikel oder unkontrolliert ist. Manchmal mündet das auch in eine schwere Realitätsverzerrung.
- Konflikte und zu erledigende Aufgaben schiebt er ständig vor sich her. Er erfindet tausend Gründe, warum eine notwendige Entscheidung oder Handlung »erst morgen« getroffen beziehungsweise ausgeführt werden kann. Die Mitmenschen werden vertröstet und mit Versprechen beschwichtigt, etwa durch das bekannte »Ab morgen ist Schluß«.
- Im Denken des Alkoholabhängigen findet sich oft eine Verwechslung von Ursache und Wirkung. Aus »Meine Frau verläßt mich wegen meines Alkoholtrinkens« wird beispielsweise »Ich trinke, weil mich meine Frau verlassen hat«.

- Die Schuldgefühle und Gewissensbisse wegen des Trinkens verstärken sich. Der Abhängige fühlt sich minderwertig und hat Angst zu versagen. Dies kann sich bis zum Gefühl völliger Wertlosigkeit steigern. Bei manchen Alkoholikern verschwindet das Selbstwertgefühl ganz.
- Bei manchen Abhängigen schlägt das Gefühl der Wertlosigkeit ins Gegenteil um. Sie erleben und schildern sich als die Stärksten, Größten, Besten, Ehrlichsten. Nichts ist für sie gut genug, die anderen sind dumm, hinterhältig und so weiter. Diese Verdrehung ist für viele Alkoholiker typisch.
- Es kommt zu erfolglosen Versuchen des Nichttrinkens oder der Selbstkontrolle durch ein Trinksystem, beispielsweise erst »nach der Abendschau« oder »erst nach Feierabend«. Kritischer sind gescheiterte Abstinenzversuche (siehe »Ich kann auch ohne«, Seite 57).
- Der Alkoholiker leidet unter schweren Stimmungsschwankungen. Oft fällt er in weinerliches Selbstmitleid.
- Es kommt zu scheinbar grundlosem Unwillen, Aggressionen und Wutausbrüchen bei Meinungsverschiedenheiten und zu immer ernsteren Problemen im Zusammenleben mit anderen Menschen (siehe auch »Die sozialen Anzeichen der Alkoholabhängigkeit«, Seite 22).
- Der Alkoholabhängige verspürt Angst davor, in eine Situation ohne verfügbaren Alkohol zu geraten und Entzugserscheinungen zu verspüren. Deshalb hortet er einen Vorrat an Alkohol, haufig heimlich in Verstecken. Oft schleicht er sich weg, um seinen Alkoholbedarf zu decken, und leugnet anschließend, daß er getrunken hat.
- Der Abhängige verspürt in vielen Fällen einen Verlust des Appetits und manchmal auch einen Rückgang des sexuellen Verlangens.
- Der süchtige Trinker verspürt immer stärkere Gefühle der Eifersucht. Beispielsweise hat ein Ehemann Angst davor, daß seine Frau sich mit einem anderen Mann anfreundet. Viele spannungsreiche Gespräche drehen sich um dieses Thema. Im Extremfall kontrolliert er die Frau ständig.

Die meisten Alkoholabhängigen in Deutschland stecken in dieser Suchtphase. Der Alkoholismus ist schon weit fortgeschritten und führt zu sehr ernsten Schwierigkeiten. Die Lebensqualität des Erkrankten ist erheblich herabgesetzt. Spätestens in dieser Phase ist eine gründliche Bestandsaufnahme der Lage und nachhaltige Veränderung des Lebensstils dringend angezeigt.

Die Spätphase

Die Alkoholabhängigkeit hat sich voll ausgebildet und zumeist schon zu erheblichen Körperschäden (siehe »Alkoholbedingte Körperschäden«, Seite 30) geführt. Bei vielen besteht in dieser Phase eine körperliche Alkoholabhängigkeit (siehe »Die Entzugserscheinungen«, Seite 28), aber nicht bei allen. Hinzu kommen massive Schwierigkeiten mit den Menschen im Umfeld (siehe »Die sozialen Anzeichen der Alkoholabhängigkeit«, Seite 22).

Zu den weiteren Kennzeichen der Spätphase gehören:

- Der Alkoholiker ist phasenweise sehr niedergeschlagen und deprimiert. Gelegentlich treten auch Selbstmordgedanken auf, nicht selten kommt es zu Selbsttötungen.
- Er riecht häufig nach Alkohol, wirkt aber nicht angetrunken oder betrunken. Alkohol scheint bei ihm fast ständig im Spiel zu sein.
- Der Alkoholtrinker wirkt im nüchternen Zustand gespannt und unruhig. Dies legt sich sofort nach dem Konsum einer geringen Alkoholmenge. Oft greift er morgens schon zur Flasche.

Im Verlauf der extremen Zuspitzung der Alkoholkrankheit kommt es zum Toleranzknick (siehe Seite 28), zu schweren alkoholbedingten psychischen Zusammenbrüchen, zu andauernden Angstzuständen und bei vielen zum psychischen und körperlichen Zusammenbruch. Die letzte Stufe der »Alkoholkarriere« ist das Alkoholdelirium. Der Betroffene leidet unter Sinnestäuschungen und ist ausgesprochen verwirrt. Das Delirium ist ein akut lebensbedrohlicher Zustand und erfordert eine sofortige ärztliche Behandlung. Allerdings schreitet die Krankheit in Deutschland bei nur wenigen Alkoholikern so weit fort.

Alkoholbedingte Persönlichkeitsveränderungen

Wenn Alkoholtrinker mehrere Anzeichen der Früh- oder mittleren Phase aus eigener Erfahrung kennen, gehören sie wahrscheinlich zur Gruppe der alkoholabhängigen Menschen. Auch Außenstehende können diese Anzeichen der Alkoholkrankheit möglicherweise am Verhalten eines süchtigen Alkoholtrinkers beobachten. Dann ist die Zeit für schnelles und entschlossenes Handeln gekommen (siehe »Darauf müssen Angehörige achten«, Seite 92). In diesem Fall ist eine genaue Klärung der Situation im Gespräch mit einem Suchtberater, Arzt oder Psychologen sinnvoll.

Bitte verstehen Sie die Schilderung des Verlaufes der Alkoholkrankheit nicht so, daß jeder Alkoholabhängige diese einzelnen Stufen genau so durchläuft, wie ich das beschrieben habe. Oft überspringt ein Abhängiger einzelne Stufen, auf viele treffen die meisten Beschreibungen gar nicht zu. Manchmal erstreckt sich der Verlauf über Jahrzehnte, manchmal schreitet die Krankheit innerhalb weniger Jahre bis zum Zusammenbruch drastisch fort. Das Verlaufsschema der Krankheit ist deshalb eher ein grober Orientierungsrahmen als eine präzise Beschreibung ihres Ablaufes.

Bei der psychologischen Beschreibung der Merkmale des Alkoholismus ist folgendes wichtig:

Diese Persönlichkeitsveränderungen sind das Ergebnis des Fortschreitens der Alkoholkrankheit. Der alkoholkranke Mensch leidet darunter. Umgangssprachlich formuliert: Er ist das Opfer des Alkohols, der Alkohol zerstört ihn langsam. Die Auflistung von Persönlichkeitsveränderungen darf aber nicht als Grundlage für eine Vorurteilsbildung oder Diskriminierung mißbraucht werden.

Der Betroffene selbst wird sich bei längerer Alkoholabstinenz in einen anderen Menschen verwandeln. Keineswegs sind die Besonderheiten im fortgeschrittenen Krankheitsstadium Ausdruck seiner typischen Persönlichkeit. Man kann das vielleicht mit dem Phantasieren eines Fiebernden vergleichen, der krankheitsbedingt wirre Dinge redet und nach Abklingen des Fiebers wieder völlig klar ist.

Zusammenfassung:
Aus psychologischer Sicht sind also die typischen Erlebens-, Denk- und Verhaltensweisen Alkoholkranker wichtig. Das Wesen der Krankheit besteht darin, daß es dem Abhängigen nicht möglich ist, sein Alkoholtrinken durch den Entschluß, nicht mehr zu trinken, einzuschränken oder gar ganz abzustellen. Es sollte auch klar sein, daß es viele alkoholismustypische Besonderheiten im Denken, Fühlen und Verhalten gibt, die mit dem Fortschreiten der Krankheit einhergehen. Ganz allgemein kann man sagen, daß die Alkoholkrankheit bei den meisten Betroffenen zu einer erheblichen alkoholbedingten Persönlichkeitsänderung führt.

Beispiele für Suchtverläufe

Natürlich haben wohl fast alle Menschen irgendwann einmal mit dem Alkoholtrinken angefangen, niemand hat von Geburt an Alkohol konsumiert. Auch die späteren Starktrinker und süchtigen Alkoholiker haben mit geringen Mengen begonnen, oft als Jugendliche. Ihr Konsum hat sich, zumeist im Laufe mehrerer Jahre, zum zerstörerischen Alkoholismus ausgeweitet.

Manche Menschen, die später eine Alkoholabhängigkeit entwickelten, berichten in Gesprächen, daß schon die ersten Gläser Alkohol eine besonders angenehme Wirkung hatten. Ein Patient berichtete, daß ihm der Alkohol vom ersten Glas an das Gefühl der Unsicherheit und Schüchternheit genommen habe. Der Alkohol habe ihn gewärmt, etwas, das er zuvor immer vermißt habe. Es ist gut verständlich, daß diese besondere Alkoholempfänglichkeit den Boden für das ausufernde Alkoholtrinken vorbereiten kann.

Eine Alkoholkarriere

Ein Patient schilderte einmal sehr anschaulich, wie sich bei ihm die Alkoholkrankheit entwickelte und wie sie dann verlief. Anfänglich hatte er als Student, wie andere auch, den Alkohol in vollen Zügen genossen. »Ich habe mich selbstsicher, zuversichtlich und entspannt gefühlt. Meine Schüchternheit war wie weg geblasen.« Die Alkoholwirkung setzte jedesmal zuverlässig ein, auf den studentischen Festen stand er oft im Mittelpunkt. Schon damals fiel ihm auf, wie erstaunlich trinkfest er war. »Ich war oft der letzte bei Feiern und trank am meisten. Ich fühlte mich noch fit, wenn die anderen schon genug hatten und sich schlafen gelegt hatten.« In der Folgezeit trank er ständig viel Alkohol. Dann stellten sich die ersten Stimmungsschwankungen ein, die erwünschte Alkoholwirkung blieb oft aus. »Da habe ich noch mehr getrunken und mich manchmal an die guten alten Zeiten erinnert. Die kamen aber nicht wieder.« Auch immer größere Mengen Alkohol hatten nur noch selten eine wirklich angenehme Wirkung, und er fühlte sich zunehmend ängstlich und verwirrt. Er fragte sich, was eigentlich mit ihm los sei. Seine Partnerin, Freunde und Bekannten zogen sich zurück, denn sein starker Alkoholkonsum wurde nicht mehr akzeptiert. Hilfsangebote wies er immer zurück. Natürlich nahm auch seine Leistungsfähigkeit durch den Alkohol in diesem Stadium ab, und er verlor seine Zulassung als Anwalt. »Zum Schluß hatte der Alkohol fast gar keine guten Wirkungen mehr. Ich litt unter schwerer Niedergeschlagenheit, raschen Gefühlsschwankungen und hatte ernste gesundheitliche Störungen. Mehr als einmal dachte ich darüber nach, mir das Leben zu nehmen, bis ich eines Tages nicht weiter wußte und meinem Hausarzt die ganze Geschichte erzählte. Der wies mich dann sofort ins Krankenhaus ein. Erstmals dachte ich ernsthaft darüber nach, ob ich alkoholabhängig war.«

Typisch bei den Schilderungen der »Alkoholkarrieren« ist die Formulierung »Als das Trinken noch Spaß machte« oder »Ja damals, als der Alkohol noch mein Freund war«. Viele Abhängige machen die Erfahrung, daß in einem fortgeschrittenen Stadium der Krankheit die guten Alkoholwirkungen ausbleiben. Der »Stoff« kann allenthalben die unangenehmen Gefühle des Nüchternseins abstellen, mehr nicht. Dafür häufen sich viele und schwere alkoholbedingte Konflikte. Die Patienten nannten das: »Mein früherer Freund Alkohol wurde zum größten Feind.«

Wenn das Trinken alles überschattet und sich verselbständigt

Wenn Sie sich noch einmal die anfangs vorgestellte Unterscheidung zwischen Genußtrinken und selbstzerstörerischem Alkoholkonsum vor Augen führen, dann kann man sagen, daß wohl alle Alkoholtrinker als Genußtrinker angefangen haben. Zumindest hatte der Alkohol positive (= angenehme) Wirkungen, beispielsweise beim Verdrängen von Konflikten oder Spannungsgefühlen.

Der Alkoholkonsum steigert sich bei einigen Menschen immer mehr und mündet in eine Sucht. Es gibt verschiedene Lebensbereiche – Familie, Arbeit, Hobbys, Autofahren, Urlaubmachen, Alkoholtrinken –, die sich normalerweise dahingehend trennen lassen, daß es zu keinen heiklen Überschneidungen kommt. In der Abbildung 1 sind die einzelnen Kreise deswegen voneinander getrennt, nichts überschneidet sich bedenklich.

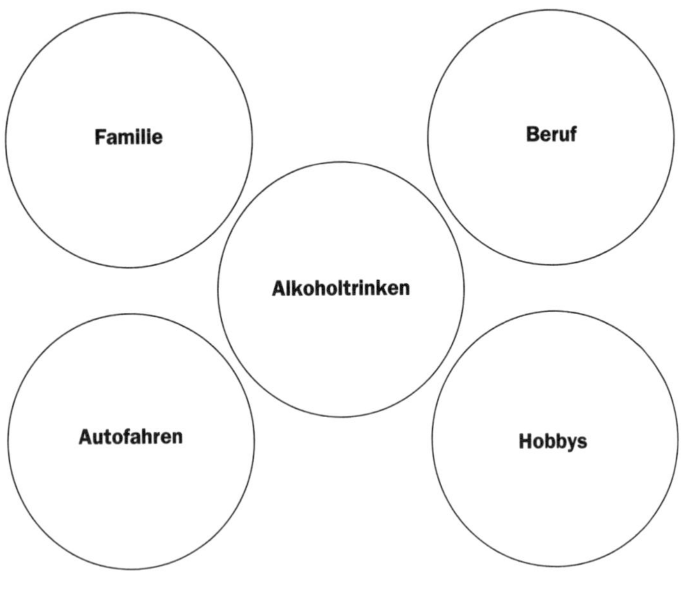

Abb. 1

Wenn sich das Alkoholtrinken ausweitet, lassen sich die Bereiche am Anfang noch weitgehend abgrenzen. Bei zunehmend unkontrolliertem Alkoholtrinken lassen sich einige Lebensbereiche nicht mehr ohne heikle Überschneidungen trennen (Abb. 2). Dies wird in den Schaubildern dunkel dargestellt.

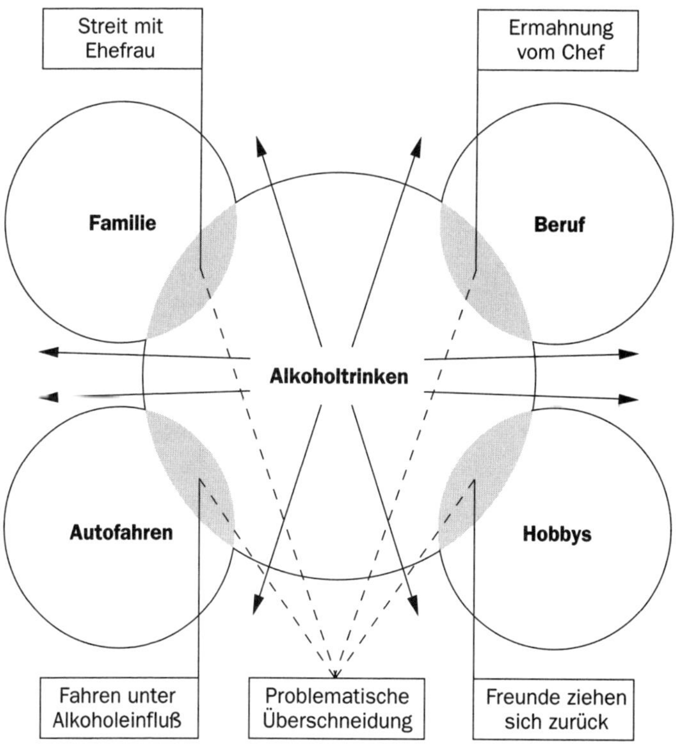

Abb. 2

Im Endstadium überschattet der Alkohol alles, daraus ergeben sich vielerlei schädliche Überschneidungen (Abb. 3).

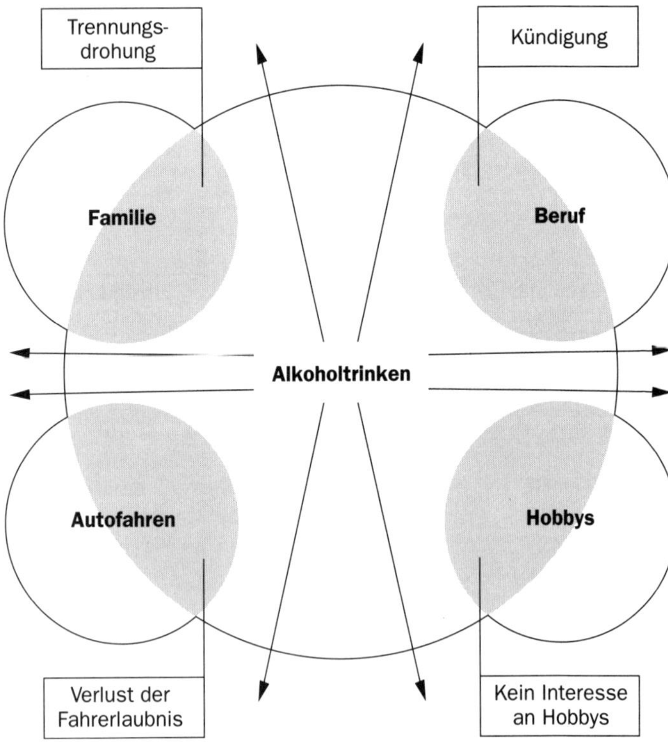

Abb. 3

Typisch für eine ständig fortschreitende Alkoholabhängigkeit ist, daß der Alkoholkonsum immer weiter um sich greift. Am Ende überschattet er andere Lebensbereiche. Alkohol ist in allen Bereichen dabei, auch wenn diese nicht miteinander vereinbar sind, wie beispielsweise »Alkohol am Arbeitsplatz« oder »Alkohol am Steuer«. Viele Schwierigkeiten sind jetzt alkoholbedingt, denn mit den meisten Lebensbereichen ist der Alkohol unvereinbar, wie beispielsweise mit Erfordernissen am Arbeitsplatz.

In diesem Stadium hat sich die Alkoholkrankheit verselbständigt. Das heißt, das Krankheitsgeschehen ist weitgehend unabhängig von den äußeren Rahmenbedingungen geworden. Egal, was einmal ursprünglich die Grundlage des sich steigernden Alkoholtrinkens war (siehe auch »Die Ursachen des Alkoholismus«, Seite 62), die Krankheit hat sich so entwickelt, daß sie immer weiter fortschreitet und kaum noch durch die Umwelt beeinflußbar ist. Das Verhalten des Alkoholkranken ist sehr rigide (= starr, fest) geworden.

Anschaulich hat das einmal der französische Schriftsteller Saint-Exupéry in seinem Roman »Der kleine Prinz« beschrieben.

Die Hauptfigur, ein kleiner Prinz, trifft eines Tages einen Alkoholiker. Neugierig fragt er ihn, warum er so viel trinkt. Der Alkoholabhängige antwortet, daß er den Alkohol trinke, damit er vergessen könne. Was er denn vergessen wolle, fragt ihn der Prinz daraufhin. Der Trinker entgegnet, daß er so viel trinke, damit er vergessen könne, daß er sich wegen seines Alkoholtrinkens so schäme.

Diese Geschichte zeigt anschaulich den Teufelskreis Alkoholismus. Der Abhängige trinkt, um seine Schamgefühle zu vergessen. Die Schamgefühle hat er aufgrund seines Trinkens, was ihn wiederum zum Alkoholkonsum veranlaßt, um zu vergessen.

Der Alkoholkranke ist im Teufelskreis von Trinken und Schuldgefühlen gefangen und kann sich nicht befreien. In dieser Situation hat sich der Alkoholismus so verfestigt, daß es relativ unwichtig ist, warum er ursprünglich einmal entstanden ist. Vielmehr stellt sich die Frage, wie der Betroffene mit Hilfe anderer Menschen dem Teufelskreis entrinnen kann.

Suchtverlagerung und Mehrfachsucht

Alkohol ist nur eine der vielen Drogen in unserem Kulturkreis, allerdings die bei weitem wichtigste. Im Zusammenhang mit der Alkoholabhängigkeit spielen noch andere Suchtmittel eine wichtige Rolle, insbesondere die Beruhigungs-, Schlaf- und Schmerzmedikamente. Im folgenden geht es um die kombinierte Alkohol- und Medikamentensucht, von Experten Polytoxikomanie genannt, und das »Umsteigen« vom Alkohol auf andere Suchtstoffe, die Suchtverlagerung.

Tabletten, die den Schlaf fördern, beruhigen, Ängste mindern oder schmerzlindernd wirken, gehören zu den in Deutschland am häufigsten eingenommenen Medikamenten. Fachleute sprechen bei diesen Mitteln auch von Psychopharmaka beziehungsweise Schmerzmitteln.

Einige der Psychopharmaka, insbesondere die Beruhigungsmittel, haben eine dem Alkohol vergleichbare Wirkung. Deshalb ist es Alkoholabhängigen möglich, auf Alkohol zu verzichten und statt dessen Beruhigungsmittel einzunehmen. Der Abhängige, der das Alkoholtrinken einstellt und als Ersatz Beruhigungs- oder Schlaftabletten zu sich nimmt, hat den Teufel mit dem Beelzebub ausgetrieben. Experten nennen das Umsteigen. Das Umsteigen kann auch durch Ausweichen auf illegale Drogen geschehen. Die Sucht bleibt bestehen, sie verlagert sich nur auf einen anderen Suchtstoff.

Wenn ein Abhängiger regelmäßig Alkohol und Medikamente zu sich nimmt, um sich zu beruhigen, zu betäuben oder um die Alkoholwirkung zu verstärken, verschlimmert er seine Suchtkrankheit.

Der Entzug und die Entwöhnung von dieser Suchtstoffkombination ist besonders schwierig. Vor allem Frauen sind oft von der Tablettensucht betroffen, da sie besonders um ihren Ruf besorgt sind und sich die Einnahme von Beruhigungs- oder Schlaftabletten viel besser als eine Alkoholkrankheit verheimlichen läßt.

Häufiger auftretende Schlafstörungen, Ängste, Unruhezustände, kurzum psychische Störungen können angemessen nur durch eine Psychotherapie behandelt werden. Meistens liegen ungelöste Schwierigkeiten oder Konflikte zugrunde. Wenn nur die Symptome (Schlafstörungen, Ängste, Gefühle der Unzufriedenheit) durch Beruhigungstabletten behandelt werden, bleiben die zugrundeliegenden Konflikte ungelöst, und die Symptome verschlimmern sich möglicherweise noch.

Sprechen Sie den Hausarzt Ihres suchtkranken Angehörigen an, wenn dieser häufiger Beruhigungstabletten verschreibt, und fragen Sie ihn nach einer Behandlungsalternative ohne Tabletten. Ich empfehle bei Beratungen allen suchtkranken Menschen, über einen Arztwechsel nachzudenken, wenn dieser lediglich »Tablettenlösungen« bei Suchtproblemen oder psychischen Schwierigkeiten anbietet. Bei allen psychischen Störungen ist eine gute Psychotherapie bei einem klinischen Psychologen oder einem auf Psychotherapie spezialisierten Arzt ungleich besser als viele Medikamente, egal wie teuer sie sind!

Wer Alkohol und Psychopharmaka zusammen einnimmt, handelt sehr selbstzerstörerisch, zumindest handelt er sich eine ausgeprägte Sucht ein. Eine Mehrfachsucht (= Polytoxikomanie) ist eine besonders ernste Krankheit und bedarf schnellstmöglich der fachkundigen Behandlung.

Alkoholkranke Frauen

Wie ich zu Beginn schon erwähnte, erkranken in Deutschland viel mehr Männer als Frauen an der Alkoholkrankheit. Warum das so ist, weiß man nicht genau. Trotzdem sind in Deutschland mindestens eine halbe Million Frauen alkoholkrank. Es ist leicht verständlich, daß es Frauen sehr schwer fällt, sich zu ihrem übermäßig gewordenen Alkoholkonsum zu bekennen. Bei Frauen werden starkes Alkoholtrinken oder Alkoholexzesse viel weniger akzeptiert als bei Männern. Deshalb versuchen Frauen üblicherweise besonders hartnäckig, ihr schädliches Trinken zu verbergen. Ich habe oft die traurige Erfahrung machen müssen, daß viele Frauen erst nach einem schweren Zusammenbruch in eine Alkoholbehandlung kamen. Erfahrungsgemäß schämen sich Frauen oft über alle Maßen wegen einer Abhängigkeit.

Gerade alkoholkranke Frauen sind aufgerufen, sich von schäbigen Vorurteilen freizumachen und sich vor Augen zu führen, daß die Alkoholabhängigkeit eine Krankheit wie jede andere auch ist. Weisen Sie alle falsche Voreingenommenheiten zurück – abhängige Frauen sind keine minderwertigen Menschen. Sie benötigen eine qualifizierte und intensive Behandlung ihrer Krankheit. Ich halte es für sehr gut, daß es für alkoholkranke Frauen in einigen Fachkliniken spezielle Behandlungsprogramme gibt.

Suchtberater unterscheiden zwei Gruppen alkoholkranker Frauen, die *Späteinsteigerin* und die *Früheinsteigerin.*

Die Späteinsteigerin beginnt erst im Alter von etwa 25 bis 30 Jahren größere Mengen Alkohol zu trinken. Oft sind dem stärkeren Trinken Lebenskrisen, mit denen sie nicht fertig wurden, vorausgegangen. Schon lange hatten sie Schwierigkeiten mit sich und litten unter psychosomatischen Störungen. Ihre privaten Verhältnisse sind geordnet, die Erwerbstätigen unter ihnen sind im Beruf erfolgreich. Sie haben ein schwaches Selbstwertgefühl und neigen dazu, die Schuld für Schwierigkeiten bei sich zu suchen.

Die Früheinsteigerinnen haben üblicherweise vor dem 25. Lebensjahr mit dem Trinken begonnen und neigen häufiger dazu, sehr stark zu trinken. Die ersten Alkoholerfahrungen waren ausgeprägte Alkoholräusche. Sie nehmen keine Schuldgefühle wegen des Alkoholtrinkens wahr, das Trinken ist Teil ihres Lebens. Ihre privaten Verhältnisse sind weniger geordnet, und viele sind beruflich erfolglos. Nach einigen Jahren stellen sich ernste gesundheitliche und soziale Schäden ein. Oft sind sie in der Kindheit sexuell mißbraucht worden. In ihren Partnerschaften kommt es oft zu körperlichen Gewalterfahrungen.

Leider habe ich in der Vergangenheit wiederholt die Erfahrung machen müssen, daß es Frauen sehr schwer fiel, sich in fachkundige Beratung und Behandlung zu begeben. Es ist eine begrüßenswerte Entwicklung, daß sich gegenwärtig immer mehr Frauen vorurteilslos mit dem Thema Alkoholismus befassen und sich von schädlichen Vorurteilen freimachen.

Warum Menschen Alkohol trinken

Wenn man Menschen fragt, warum sie Alkohol trinken, zählen sie zumeist viele Gründe dafür auf, zum Beispiel, um sich zu entspannen, um die Stimmung zu heben, Hemmungen abzubauen und so weiter. Auch die Situationen, in denen Alkohol konsumiert wird, unterscheiden sich sehr. Der eine greift zur Flasche, wenn er Kummer oder Sorgen hat, der andere trinkt verstärkt Alkohol, wenn es ihm besonders gut geht. Psychologen sprechen in diesem Zusammenhang von den *Trinkmotiven*. Es ist hilfreich, über die Alkoholtrinkmotive nachzudenken. Dies geht für den Betroffenen am besten im Rahmen einer speziellen Abstinenzgruppe, möglichst unter Anleitung eines Therapeuten.

Suchtberater wissen, daß »nasse« Alkoholabhängige oftmals nicht in der Lage sind, ihre Situation realistisch zu erkennen. Deshalb rate ich Angehörigen zur Vorsicht bei der Diskussion über Trinkmotive mit nassen Alkoholikern! Angehörige sind gut beraten, sich nicht auf eine Diskussion der »Gründe« für das Trinken einzulassen, die ein Abhängiger zur Rechtfertigung seines Suchtverhaltens anführt. Möglicherweise macht er sogar andere für sein exzessives Trinken verantwortlich, was natürlich unsinnig ist. Zumindest gibt es bei diesem Thema eine Neigung zum Zerreden (siehe auch »Lassen Sie sich nicht ablenken«, Seite 93). Oberflächliche Gespräche über das Trinken, wie beispielsweise »Ich trinke, weil es mir schmeckt«, helfen nicht weiter. Es besteht die Gefahr, daß die Alkoholproblematik »kaputtgeredet« wird.

Was sagen die Wissenschaftler zu den Trinkmotiven eines Menschen? Verhaltenstheoretisch orientierte Psychologen vertreten die Auffassung, daß Menschen aus folgenden Gründen Alkohol trinken:

- Weil sie angenehme Gefühlszustände herbeiführen möchten beziehungsweise ihren Zustand noch etwas verbessern wollen, zum Beispiel »die Stimmung heben«.
- Weil sie unangenehme Gefühlszustände abschwächen möchten, zum Beispiel Alkohol als Enthemmungsmittel oder zum »Abschalten« nach Streß/Belastungen oder zur Minderung von Angst-, Anspannungs- und Einsamkeitsgefühlen.

Niemand trinkt regelmäßig Alkohol »zum Durstlöschen«, »einfach so« oder nur »weil es schmeckt«, auch wenn viele Menschen das spontan glauben. Psychologen sagen in dem Fall, daß die verhaltenssteuernden Wirkungen unbemerkt oder unbewußt geblieben sind.

Tatsache ist: Alkohol beeinflußt rasch die Befindlichkeit eines Menschen, die Droge hat deutlichen Einfluß auf sein Denken und Fühlen. Mit ein bißchen Alkohol fühlen sich viele Menschen besser.

Die vermeintlich angenehme Wirkung

Ein zentraler psychologischer Lehrsatz lautet: Wir Menschen tun das, von dem wir positive (= angenehme) Konsequenzen, etwa ein Wohlgefühl, erwarten. Oder wir tun die Dinge, die einen negativen (= unangenehmen) Zustand, zum Beispiel Kummer, Streß oder Anspannung, abschwächen oder beenden. Psychologen haben auch herausgefunden, daß ein Verhalten insbesondere dann erlernt wird, wenn die angenehmen Wirkungen schnell und zuverlässig eintreten, was beim Alkohol der Fall ist. Diese schnellen und guten Wirkungen sind ungleich wichtiger und wirksamer als die langfristig nachteiligen Konsequenzen, wie beispielsweise gesundheitliche Schäden oder Ärger im Familienkreis. Vergegenwärtigen Sie sich: Nach einem größerem Glas Bier tritt bei den meisten Normaltrinkern sehr schnell eine behagliche Wirkung ein, beispielsweise eine entspannende Wirkung. Der Trinkende fühlt sich ruhiger und gelassener. Diese schnelle Wirkung ist aus psychologischer Sicht entscheidend wichtig. Sie ist viel gewichtiger als mögliche negative Folgen in der Zukunft.

Welche positiven Wirkungen hat das Alkoholtrinken im einzelnen? Im Zusammenhang mit den Trinkmotiven ist wichtig, daß Alkohol

- die Stimmung verbessern kann,
- Spannungen und Ängste zu mindern vermag,
- ein Gefühl der Entspannung hervorrufen kann,
- bewirken kann, daß sich der Trinker zuversichtlicher und selbstbewußter fühlt oder
- daß er das Gefühl hat, vielen Situationen besser gewachsen zu sein. Vieles geht nicht mehr so »unter die Haut«.

Erinnern Sie sich noch an das erste Glas Bier? Den meisten Menschen schmeckte das bittere Getränk überhaupt nicht. Erst die Anerkennung durch die Mittrinker und insbesondere durch die positiven (angenehmen) Trinkfolgen, zum Beispiel Enthemmung im Umgang mit dem anderen Geschlecht, machte das Biertrinken attraktiv. Später kamen noch andere vorteilhafte Konsequenzen dazu, zum Beispiel Entspannung nach Streß. Irgendwann entstand der Eindruck, daß der Alkohol gut schmeckt.

Bei einer fortgeschrittenen Alkoholabhängigkeit kommt hinzu, daß der Suchtstoff jahrelang auf den Betroffenen einwirken konnte. Der Alkoholkranke hat sich an die ständige Alkoholeinwirkung gewöhnt. Für ihn ist der Alkohol unverzichtbar geworden, um sein psychisches Gleichgewicht zu erreichen beziehungsweise zu stabilisieren. Alkohol verhilft ihm zum »Normalzustand«, ohne Alkohol gerät er in eine unangenehme Verfassung. Manche Menschen berichten, daß sie von einem ständigen Angstgefühl ergriffen werden, wenn sie kurzfristig auf Alkohol verzichten.

Positive und negative Konsequenzen im Widerstreit

Stellen wir uns vor, ein außenstehender Mensch betrachtet das Alkoholtrinken eines Abhängigen: Was ist, wenn auf ein Verhalten positive (= angenehme) und negative (= unangenehme) Konsequenzen folgen, beispielsweise Ärger am Arbeitsplatz wegen des Alkoholtrinkens und gleichzeitig ein durch den Alkohol bewirktes Wohlgefühl? In dem Fall werden die Konsequenzen unterschiedlich gewichtet. Für den süchtigen Trinker selbst ist das Wohlgefühl, die positive Konsequenz, wichtiger als der Ärger, die negative Konsequenz. Also trinkt er trotz des Ärgers. Zumeist wird er versuchen, heimlich zu trinken und zugleich das Trinken zu verleugnen. So kann er die angenehmen Konsequenzen genießen und die unangenehmen Folgen ganz oder zumindest weitgehend ausschalten.

Dies geht zumindest so lange, wie die Menschen im Umfeld sein Trinkverhalten nicht einzuschränken vermögen. Zudem sind die nachteiligen Konsequenzen weniger bedeutsam, da sie zumeist erst verzögert auftreten.

Gewöhnlich sieht der Abhängige keinen Zusammenhang zwischen den Schwierigkeiten in seinem Leben und dem Alkoholtrinken, er sieht sie nicht als durch Alkoholtrinken verursacht an.

Wenn die negativen Konsequenzen überwiegen

Erst wenn dieser Zusammenhang klar wird und die schlechten Konsequenzen überwiegen, beispielsweise in Form einer Kündigungsdrohung oder einer tatsächlichen Kündigung, werden die schlechten Aspekte schwerwiegend. Bei vielen Abhängigen werden dann Verhaltensänderungen möglich. Wahrscheinlich wird der Abhängige bei einer Kündigungsdrohung ernsthaft über eine Verhaltensänderung oder ein Therapieangebot nachdenken oder eine Beratungsstelle aufsuchen.

Welches Verhalten würde die folgende Kombination nach sich ziehen? Das süchtige Alkoholtrinken während der Arbeitszeit führt zur Kündigung, wenn der Betroffene eine Therapie verweigert. Falls er seine Alkoholabhängigkeit anerkennt und mit Erfolg an einer Therapie teilnimmt, bleibt der Arbeitsplatz erhalten. Also klare negative Konsequenzen (Kündigung) für das fortgesetzte Alkoholtrinken mit Therapieverweigerung und positive Konsequenzen (Behalten der Arbeit) für die Abstinenz. In diesem Fall würden sich die meisten Betroffenen für das Therapieangebot und die Alkoholabstinenz entscheiden.

Es gibt, wie schon erwähnt, eine wichtige Einschränkung. Damit die schlechten Trinkfolgen verhaltenswirksam werden können, ist es erforderlich, daß sie überhaupt in einen Zusammenhang mit dem Alkoholtrinken gebracht werden. Wenn der Abhängige die Kündigungsdrohung dadurch verursacht sieht, daß der Chef ein böswilliger Mensch ist, dann wird er sein Verhalten und seine Einstellung zum Alkoholtrinken nicht ändern. Alkoholtrinken und schädliche Konsequenzen müssen zur Einleitung von Einstellungs- und Verhaltensänderungen in einen Zusammenhang gebracht werden. Daran hapert es bei vielen Abhängigen, die zwar ihre schwierige Situation sehen, nicht jedoch den Zusammenhang mit dem Alkoholtrinken anerkennen.

Zudem ist es natürlich unerläßlich, daß der Abhängige davon überzeugt ist, daß die angekündigten Konsequenzen für den Fall des Weitertrinkens auch tatsächlich eintreten werden und es sich nicht um leere Drohungen handelt.

Es ist sehr sinnvoll, wenn die Betroffenen die negativen Konsequenzen beziehungsweise schädlichen Folgen ihres unkontrollierten Alkoholtrinkens vor Augen haben. Wenn dabei immer wieder der Zusammenhang mit dem Alkoholtrinken so verdeutlicht wird, daß der Angesprochene das auch annehmen kann, dann ist ein Rahmen für eine Änderung der Einstellung zum Alkoholtrinken geschaffen.

Die Darstellung hat Gemeinsamkeiten mit der verhaltenstherapeutischen Theorie über die Ursachen des Alkoholismus (siehe auch »Der verhaltenstherapeutische Ansatz«, Seite 63). Zur schwierigen Frage, warum manche Menschen alkoholabhängig werden und andere nicht, findet sich dort die Darstellung der verhaltenstheoretischen Position.

Wann ist jemand Alkoholiker?

Wie ich schon feststellte, ist ein zentrales Merkmal der Alkoholkrankheit, daß die Betroffenen sich meistens hartnäckig weigern, ihr Alkoholproblem anzuerkennen. Sie bestreiten hartnäckig, daß sie süchtig trinken. Angehörige wissen daher oft nicht, ob ihre Einschätzung stimmt, daß ihr Partner alkoholsüchtig ist.

Kann man in einem Satz sagen, wann eine Alkoholabhängigkeit vorliegt? Diese Frage stellen Betroffene und Angehörige oft. Die Experten haben lange darüber diskutiert, und die Mehrheit hat sich auf die folgende Formel geeinigt:

Definition der Abhängigkeit:
Abhängig von Suchtmitteln (zum Beispiel Alkohol) ist jeder, der die Einnahme des Suchtmittels nicht beenden kann, ohne daß unangenehme Zustände körperlicher oder seelischer Art auftreten, oder, wer doch immer wieder so viel von dem Suchtmittel zu sich nimmt, daß es ihn selbst oder andere schädigt (beispielsweise durch einen alkoholbedingten Unfall am Arbeitsplatz).

Etwas anders formuliert:
Abhängig vom Alkohol ist derjenige, der weitertrinkt,
1. *obwohl er sich dadurch körperlich schädigt oder*
2. *obwohl er durch sein Alkoholtrinken öfter Probleme mit anderen Menschen hat.*

Alkoholabhängig ist insbesondere derjenige, der schon öfter ernste Schwierigkeiten im sozialen Umfeld wegen seines Trinkens hatte, zum Beispiel im Familienkreis oder am Arbeitsplatz.

Ein Selbsttest

Ein Kollege empfahl seinen Patienten einen einfachen Selbsttest zur ersten Beurteilung, ob sie alkoholabhängig sind oder nicht. Sie sollten ein halbes Jahr absolut alkoholabstinent leben. Das heißt, der Angesprochene trinkt sechs Monate lang keinen Tropfen Alkohol. Diesen Selbstversuch kündigt er den Menschen im Umfeld an und trinkt ab einem genau festgelegten Datum keinen Tropfen Alkohol mehr. Wer die Abstinenz ohne Schwierigkeiten schafft, kann sich als abstinenzfähig betrachten, wahrscheinlich ist er nicht alkoholabhängig.

Wer die sechs Monate nur »mit Hängen und Würgen« über die Runden bringt, also oft an Alkohol denkt, öfter starkes Trinkverlangen verspürt, gegen einen Rückfall kämpft und ähnliches, ist zumindest alkoholgefährdet oder gar schon alkoholabhängig. Dies gilt auch für denjenigen, der sich beim Verzicht auf Alkohol deutlich körperlich unwohl fühlt.

Wer entgegen der ursprünglichen Absichtserklärung vor Ende der Sechsmonatsfrist Alkohol zu sich nimmt, genauer gesagt nehmen muß, kann sich als alkoholabhängig, zumindest aber auf dem Weg in die Abhängigkeit sehen.

Eine Garantie für ein unbedenkliches Alkoholtrinken stellt die Abstinenzfähigkeit im Rahmen dieses Selbstversuches über sechs Monate nicht dar. Beispielsweise ist der Quartalstrinker (siehe Seite 59) längere Zeit ohne weiteres abstinenzfähig. Für ihn ist der Selbstversuch ungeeignet. Dasselbe gilt für »Umsteiger« (siehe »Suchtverlagerung und Mehrfachsucht«, Seite 48), also Menschen, die auf Alkohol verzichten und dafür Beruhigungstabletten (»Trockenalkohol«) einnehmen.

Der Selbsttest liefert nur eine grobe Orientierung. Die verbindliche Diagnose »alkoholabhängig« kann jedoch ein Suchtberater, Psychologe oder Arzt nach einem längeren Abklärungsgespräch stellen oder aber auch der Klient selbst in Zusammenarbeit mit einem Spezialisten.

»Ich kann auch ohne«

In den vorangegangenen Kapiteln habe ich schon mehrmals betont, daß auch Menschen, die nicht täglich beziehungsweise »ständig« Alkohol trinken, alkoholabhängig sein können. Auch wer tageweise oder sogar wochenweise ohne Alkohol auskommen kann, ist möglicherweise alkoholabhängig. Viele Menschen, insbesondere alkoholgefährdete und süchtige Trinker, gehen fälschlicherweise davon aus, daß ein süchtiger Trinker unfähig ist, auf Alkohol zu verzichten. Dem ist nicht so!

Die Mehrheit der süchtigen Trinker braucht nicht täglich zu trinken und kann oftmals tage-, wochen- oder in einigen Fällen sogar monatelang ohne Alkohol auskommen. Sie schaffen das, auch wenn es mit unangenehmen Gefühlen verbunden ist. Diese Alkoholabstinenz können die Betroffenen manchmal sogar durch einen bewußt gefaßten Vorsatz erreichen. Auch ein besonders unangenehmes Ereignis, beispielsweise eine Abmahnung am Arbeitsplatz oder der Führerscheinverlust, kann ein Anlaß für solch eine längere Trinkpause sein.

Die Fähigkeit zum Trinkverzicht beweist nicht, daß keine Alkoholabhängigkeit vorliegt.

Süchtige Alkoholtrinker versuchen oft durch Abstinenzphasen – seien es einige Tage oder Wochen – zu beweisen, daß sie gar nicht abhängig sind. Subjektiv haben sie in der Trockenphase den Eindruck, daß sie ihr Alkoholtrinken im Griff haben, also kontrollieren. Darauf verweisen sie bei berechtigter Kritik an ihrem Alkoholtrinken. Die kurzfristige Fähigkeit, ohne Alkohol auszukommen, kann zur Falle werden, wenn der Betreffende dies als Beweis für einen nichtsüchtigen Konsum anführt und eine Auseinandersetzung über sein schädliches Trinkverhalten abblockt.

Ein Patient schrieb einmal in seinem Lebensbericht: »Da es mir damals, wie auch heute, gelang, ohne weiteres über Tage und Wochen maßvoll und kontrolliert zu trinken, konnte ich mir nicht vorstellen, alkoholsüchtig zu sein. Auch trank ich niemals bis zum sogenannten Umfallen und schaffte es immer, ohne Hilfe aus der Kneipe nach Hause zu kommen. Ich bin also von der Polizei nicht einmal in eine Ausnüchterungszelle gesteckt worden. Auch habe ich stets auf mein Äußeres geachtet, was Sauberkeit und Kleidung betraf, und mich auch in dieser Hinsicht nicht gehenlassen.« Allerdings hatte dieser Patient sein ererbtes Vermögen vertrunken und danach mehrere Jahre wegen wiederholter Zechprellerei im Gefängnis verbracht. Am Ende seines Leidensweges trank er ständig und brach während einer Trinkphase schwerkrank zusammen.

Gerade die Quartalstrinker (siehe unten) legen üblicherweise längere Trinkpausen ein. Die Trockenphasen sind ein fester Bestandteil ihres süchtigen Trinkmusters.

Immer wieder machte ich die Erfahrung, daß insbesondere Alkoholabhängige sich mit der Frage beschäftigen, ob sie auch eine Zeitlang »ohne können«. Alkoholkonsumenten, die normal, das heißt spontan und ohne nachteilige Folgen, trinken, beschäftigen sich zumeist gar nicht mit dieser Frage. Sie trinken sowieso nur relativ geringe Mengen und sind ohne weiteres ständig in der Lage, ihr Alkoholtrinken zu steuern. Ohne darüber nachzudenken, trinken sie tage- oder wochenweise keinen Alkohol, und sie brauchen sich auch nicht mit Kritik an ihrem Trinken auseinanderzusetzen.

Wer die Mißbilligung seines Trinkens mit dem defensiven (= abwehrenden) Hinweis »Ich kann auch ohne und bin deshalb nicht abhängig« zurückweist, steckt oft schon tief in der Abhängigkeit.

Ich habe den gefährlichen Spruch »Ich kann auch ohne« einmal am Krankenbett von einer 60jährigen Dame gehört, die zwei Tage später überraschend an den körperlichen Folgen ihres süchtigen Trinkens verstarb. Jahrelang hatte sie mit diesem Spruch alle Therapieangebote abgelehnt.

Der Quartalstrinker

Der Quartalstrinker stellt in vielerlei Hinsicht ein Ausnahmephänomen dar. Unter Quartalstrinken versteht man das phasenweise exzessive Alkoholtrinken. Die Experten sprechen vom *Epsilon-Alkoholismus.* Was passiert beim Quartalstrinken?

Ein typischer Quartalstrinker lebt ohne Schwierigkeiten mehrere Wochen, ein paar Monate lang oder sogar ein halbes Jahr ohne Alkohol, also abstinent. Vielleicht trinkt er sogar geringe Mengen Alkohol, anscheinend ohne schädliche Folgen. Dann verspürt er plötzlich ein heftiges Alkoholtrinkverlangen. Wenn er dann zur Flasche greift, erlebt er einen Kontrollverlust und trinkt einige Tage lang durch, beispielsweise 8 bis 10 Tage. Dabei trinkt er große Mengen Alkohol, vielleicht sogar Tag und Nacht. Er ist ständig berauscht. Gelegentlich verlassen Quartalstrinker dabei ihre häusliche Umgebung. Sie verbringen dann ein paar Tage und Nächte im Freien oder in der Gesellschaft von Menschen, mit denen sie sonst keinen Kontakt haben. An einem bestimmten

Punkt hört der Quartalstrinker mit dem Alkoholtrinken abrupt auf, zumeist ohne Alkoholentzugssymptome. Beim fortgeschrittenen Quartalstrinken kommt es am Ende von Trinkphasen manchmal zu körperlichen Zusammenbrüchen.

Ein Quartalstrinker verglich sich einmal im Beratungsgespräch mit einem Schwamm, der sich nach Phasen der Trockenheit danach sehnt, sich wieder vollzusaugen, um sich dann, nach der Phase der völligen Durchnässung, wieder nach Trockenheit zu sehnen. Die Mutter eines Quartalstrinkers berichtete mir einmal, daß sich ihr Sohn in den Trinkphasen zusammen mit einem großen Alkoholvorrat in seinem Zimmer einschließe und einige Tage exzessiv durchtrinke, bis zu drei Flaschen Schnaps täglich. Er verlasse sein Zimmer dann überhaupt nicht, nicht einmal, um auf die Toilette zu gehen. Anschließend habe sie viel Arbeit beim Saubermachen und Aufräumen! Manchmal wird auch von Quartalstrinkern berichtet, daß sie in den Trinkphasen umgänglicher seien als in den Trockenphasen. Insbesondere in den Tagen vor dem Trinkexzeß werden manche Quartalstrinker als ruhelos, reizbar oder schlecht gelaunt beschrieben.

Viele der von mir bereits beschriebenen Anzeichen und Folgeschäden der Alkoholkrankheit treffen auf das Quartalstrinken nicht zu. Es stellt trotzdem eine ernstzunehmende Angelegenheit für den Betroffenen dar, da er durch die großen Trinkmengen oft körperliche Schäden davonträgt. Quartalstrinken ist sicherlich heikel, wenn die Angehörigen und Mitmenschen – insbesondere die Kollegen am Arbeitsplatz und die Arbeitgeber – die Trinkexzesse mißbilligen. Eine weitere Krise entsteht, wenn der Betroffene in den Trinkphasen nur eingeschränkt einsatzfähig ist oder wenn er völlig handlungsunfähig ist. Das ist dann mit den Erfordernissen am Arbeitsplatz nicht vereinbar. Denken Sie nur an die drastisch erhöhte Unfallgefahr durch den Alkoholeinfluß!

Das Quartalstrinken birgt vor allem die große Gefahr in sich, daß nach einiger Zeit die Trockenphasen immer kürzer werden und es in ständiges unkontrolliertes Alkoholtrinken mündet. In vielen Fällen liegt nach einigen Jahren schwerer chronischer Alkoholismus vor. Der Quartalstrinker ist alkoholkrank im Sinne der in unserem Land geltenden Reichsversicherungsordnung und hat einen Behandlungsanspruch.

In den Beratungsstellen suchen oft jedoch nur die Angehörigen von Quartalstrinkern Hilfe, und nur wenige der Patienten in Fachkrankenhäusern zur Behandlung von Alkoholabhängigkeit sind dem *Quartalstrinker-Typ* zuzurechnen.

Manchmal kommt es vor, daß körperlich abhängige Trinker ihr Geld vertrunken haben und deshalb zwangsweise eine Trinkpause einlegen müssen. Sobald die Betroffenen wieder über Geld verfügen, betrinken sie sich wieder, um dann aus Geldmangel eine erneute Abstinenzphase einzulegen. Dabei treten auch teilweise schwere Alkoholentzugserscheinungen auf. Bei diesem Trinkmuster handelt es sich nicht um das typische Quartalstrinken, da das Ende der Trinkphase durch Geldmangel erzwungen wurde. Dieses Verhalten ist eher der schweren chronischen Alkoholabhängigkeit, dem *Delta-Alkoholismus* (= körperliche Alkoholabhängigkeit), zuzuordnen. Der oben beschriebene typische Quartalstrinker hingegen beendet die Trinkphasen, da er kein Verlangen nach weiterem Alkohol verspürt.

Die Ursachen des Alkoholismus

Von der Alkoholkrankheit betroffene Menschen und deren Freunde oder Angehörige stellen viele Fragen, wenn sie mit den unverständlichen Krankheitsanzeichen konfrontiert werden. Sie fragen beispielsweise: »Wie kommt es dazu, daß ein Mensch zum Alkoholiker wird?« und »Warum können manche Menschen ihren Alkoholkonsum nicht einschränken?« Wenn die Ursache nicht die »Willensschwäche« ist (siehe »Die psychischen Anzeichen der Alkoholabhängigkeit«, Seite 36), was ist dann nach Ansicht der professionellen Helfer die Ursache der Alkoholkrankheit?

Ganz allgemein kann gesagt werden, daß wir in einem streng wissenschaftlichen Sinn nicht über gesichertes Wissen um die Ursachen der Alkoholkrankheit verfügen. Durch naturwissenschaftliche Forschung konnte trotz intensiver Bemühungen bislang keine eindeutige Ursache der Krankheit gefunden werden. Ich gehe davon aus, daß sich das in den nächsten 20 Jahren nicht ändert.

Dennoch verfügen die Suchttherapeuten über umfangreiches Erfahrungswissen und über bewährte Therapiekonzepte, um den von der Krankheit Betroffenen wirksam zu helfen. Es gibt gegenwärtig einige teilweise recht komplizierte Erklärungsversuche beziehungsweise Erklärungsmodelle, die diskutiert und weiter erforscht werden. Um diese Modelle wird es im folgenden gehen.

Das psychoanalytische Erklärungsmodell

Bei der praktischen Arbeit in der professionellen Suchtkrankenhilfe spielt das psychoanalytische Erklärungsmodell eine herausragende Rolle. In fast allen Therapieprogrammen wird davon ausgegangen, daß besonders ungünstige Vorgänge in den ersten Lebensjahren der Abhängigen zu einer Persönlichkeitsentwicklung geführt haben, welche die Betroffenen im späteren Alter anfällig für die Entwicklung einer Abhängigkeit macht. Dieses Erklärungsmodell wird die psychoanalytische Theorie des Alkoholismus oder auch »tiefenpsychologische Theorie« genannt. Sie wurde ursprünglich von dem Wiener Arzt Sigmund Freud entwickelt. Freud hielt die ersten fünf bis sechs Lebensjahre für die

Entwicklung der Persönlichkeit eines Menschen für entscheidend.

Nach dieser Theorie wird Alkoholismus durch eine Entgleisung der Entwicklung insbesondere in frühen Phasen der Entwicklung eines Menschen begünstigt. Der erwachsene Mensch erinnert sich nicht mehr an diesen lange zurückliegenden Lebensabschnitt. Die prägenden Erlebnisse und Erfahrungen bleiben unbewußt und gerade deshalb besonders wirksam.

Die psychoanalytische Theorie läßt sich nur schwer mit unserem Alltagsdenken zusammenbringen. Nichtanalytiker können oftmals die komplizierten und ungewöhnlichen Gedankengänge der Psychoanalytiker nicht nachvollziehen. Man darf die psychoanalytische Theorie auch nicht so verstehen, daß die Eltern des Kleinkindes etwas bewußt falsch gemacht haben. Vielmehr vollzieht sich die Entwicklung des Kleinkindes in dieser Zeit im heiklen Spannungsfeld zwischen seinen Bedürfnissen und den Reaktionen der Menschen in der Umwelt. Das Kleinkind muß sich beispielsweise mit Versagungen und Enttäuschungen auseinandersetzen. Auch werden in dieser Entwicklungsphase wesentliche Elemente des Selbstwertgefühls eines Menschen geprägt. Schwer beschreibbare Lebensängste können ihren Ursprung in diesen frühen Entwicklungsphasen haben.

Dabei kann es, ohne bewußtes Fehlverhalten der Eltern, leicht zu Komplikationen kommen. Eltern von Alkoholabhängigen brauchen sich keine Vorwürfe zu machen. Sie sind keine »Rabeneltern«.

Der verhaltenstherapeutische Ansatz

In der Schulpsychologie spielen verhaltenstheoretisch orientierte Erklärungsmodelle eine wichtige Rolle. Entsprechend der Verhaltenstheorie ist das gesamte Verhalten eines Menschen erlernt. Dazu zählt vor allem ein Verhalten, das angenehme Folgen mit sich bringt, beziehungsweise eines, auf das mehr angenehme Konsequenzen folgen als unangenehme (siehe »Warum Menschen Alkohol trinken«, Seite 51).

Stellen Sie sich beispielsweise einen Menschen vor, der sich ein Rückzugsverhalten bei Konflikten und das Betäuben seiner Unzufriedenheit mit Alkohol angewöhnt hat. Das Alkoholtrinken hat sehr schnell die angenehme Konsequenz, unangenehme Dinge zu vergessen. Dieser Mensch wird nach einiger Zeit nicht mehr in der Lage sein, größere Konflikte oder Spannungen nüchtern zu ertragen. Das gilt vor allem, wenn die Menschen im Umfeld des Alkoholtrinkers das starke Trinken anerkennen oder gar fördern.

Im Verlauf einer Alkoholabhängigkeit kommt es nach Ansicht der Verhaltenstherapeuten zu einer Verselbständigung des Trinkverhaltens. Das süchtige Alkoholtrinken ist dann zu einem alles andere beherrschenden Verhalten geworden, und der Trinker kann aus dem Teufelskreis nicht mehr aus eigener Kraft ausbrechen (siehe »Wenn das Trinken alles überschattet und sich verselbständigt«, Seite 44). Denken Sie nur an den Spiegeltrinker, der immer wieder Alkohol nachschüttet, um von Entzugserscheinungen verschont zu werden.

Aus verhaltenstheoretischer Sicht ist süchtiges Alkoholtrinken also ein über lange Zeit hinweg erlerntes Verhalten, das sich verselbständigt hat und im Rahmen einer Behandlung verlernt werden kann.

Besondere Empfänglichkeit für Alkohol

Verhaltenstherapeuten vermuten, daß manche Menschen aufgrund ihrer körperlichen Verfassung besonders anfällig für Suchterkrankungen sind. Bei diesen Menschen sind die positiven Konsequenzen des Alkoholtrinkens besonders stark und die negativen Konsequenzen besonders schwach ausgeprägt. Auf dieser Basis kann sich dann in einem alkoholfreundlichen Milieu die Alkoholabhängigkeit entwickeln. Wenn ein Mensch körperliche Voraussetzungen hat, die ihn besonders anfällig für die Entwicklung einer Alkoholabhängigkeit machen, dann heißt das nicht, daß die spätere Alkoholkrankheit schicksalsmäßig vorgegeben ist. Es heißt lediglich, daß er besonders empfänglich für die Entwicklung dieser Suchtkrankheit ist. Er ist gut beraten, wenn er seine Alkoholkonsumgewohnheiten selbstkritisch betrachtet. Eines wissen wir mit Sicherheit:

Alkoholabhängigkeit ist keine Erbkrankheit, niemand ist durch seine Gene zum Süchtigsein verurteilt!

Sozialwissenschaftliche Aspekte der Alkoholabhängigkeit

Neben den in der Entwicklung des einzelnen Menschen liegenden Faktoren spielen sicherlich auch die sozialen oder gesellschaftlichen Lebensbedingungen eines Alkoholkranken eine wichtige Rolle bei der Entstehung und Verfestigung der Alkoholabhängigkeit.

Wenn in der Umgebung eines Menschen gewohnheitsmäßig viel getrunken wird, ist die Gefahr der Entwicklung und Verfestigung süchtigen Alkoholtrinkens natürlich größer als in einer Umgebung, in der das Trinken auf Ablehnung stößt. In vielen Ländern wird Alkoholtrinken nicht nur gebilligt, sondern auch noch gefördert, beispielsweise durch Werbung in den Medien oder durch sozial geduldete Trinkexzesse, zum Beispiel Schützenfeste, Karneval oder manche Vereinsfeiern. Dabei scheint die Regel zu gelten: Wer dazugehören will, muß kräftig mittrinken.

In manchen Regionen Deutschlands wird traditionell besonders viel getrunken. Dazu gehört beispielsweise Mecklenburg-Vorpommern, wo der Alkoholkonsum und die Alkoholikerrate wesentlich höher liegen als im Bundesdurchschnitt. Aber auch in anderen Gegenden, speziell im ländlichen Bereich, wird vor allem bei Feiern exzessiv Alkohol getrunken. Schädliches Trinken ist die Norm, Wenigtrinken die Ausnahme. In dieser Umgebung fällt ein Alkoholismus nicht weiter auf. Lediglich schwere Körperschäden, beispielsweise ein Alkoholdelirium, sind Anlaß für Appelle zur Mäßigung oder Forderungen nach Alkoholverzicht.

Innerhalb einer Gesellschaft gibt es besondere Risikogruppen, wie etwa die Gastwirte, Mitarbeiter von Brauereien, Seeleute, Vertreter im Außendienst, Arbeiter im Baugewerbe oder in Transportberufen – aber auch Politiker, Ärzte, Manager, Piloten ... Wer in diesen Berufen arbeitet, ist durch Außeneinflüsse besonders gefährdet.

Die Entwicklung der Bundesrepublik Deutschland zeigt, daß eine Erhöhung des Wohlstandes mit einer deutlichen Erhöhung des Alkoholkonsums einherging. Seit 1950 stieg der Pro-Kopf-Alkoholkonsum in der Bundesrepublik ständig an. Von 1957 bis 1982 hat er sich in etwa verdoppelt. In dieser Zeitspanne haben sich die Lebensumstände der Menschen drastisch geändert.

Ein besonders deutliches Beispiel für die Einflüsse der sozialen Rahmenbedingungen auf die Entstehung von Suchtkrankheiten ist der Vietnamkrieg, in dessen Verlauf Zehntausende amerikanischer Soldaten von illegalen Drogen abhängig wurden. In dieser Situation waren die negativen Außeneinflüsse besonders ausgeprägt.

Für viele Menschen ist das Leben in unserer hochentwickelten und sich ständig wandelnden Gesellschaft ausgesprochen schwierig. Soziologen beschreiben überstarke *Individualisierung, Vereinsamung* und *Resignation* als schädliche Merkmale unserer gesellschaftlichen Lebensbedingungen. Manche Gruppen trifft es besonders hart, zum Beispiel Langzeitarbeitslose. Auch aus der Geschichte Europas weiß man, daß in Phasen wirtschaftlicher Not der Alkoholismus verstärkt auftrat und es zum sogenannten *Elendsalkoholismus* kam.

Aus sozialwissenschaftlicher Sicht ist der süchtige Alkoholkonsum als ein Versuch der Menschen zu verstehen, die mit ungünstigen Lebens- und Arbeitsbedingungen einhergehenden Spannungszustände und Ängste zu reduzieren. Das Alkoholtrinken dient also der Minderung von Spannungen und Ängsten. Eine die Entstehung von Suchtkrankheiten fördernde Voraussetzung ist, daß das Alkoholtrinken und die Alkoholexzesse in der umgebenden sozialen Gruppe gebilligt werden.

Es gilt die alltägliche Erfahrung, daß Alkoholtrinken in unserer Gesellschaft erlaubt und bei entsprechenden Gelegenheiten erwünscht ist. Gelegentliche Alkoholexzesse werden gebilligt. Alkohol ist »soziales Schmiermittel« und oft unverzichtbarer Bestandteil, wenn Menschen einander näherkommen, zum Beispiel auch bei sexueller Annäherung.

Aber Vorsicht: Selbst unter ungünstigen Rahmenbedingungen erkranken nicht alle Menschen in einer Gesellschaft an der Alkoholkrankheit. Der bei weitem größere Teil trinkt im sozial akzeptierten Maß. Alkoholabhängig werden anscheinend nur wenige, möglicherweise die besonders »alkoholempfänglichen« beziehungsweise die für diese Krankheit besonders anfälligen Menschen.

Der einfache Satz »Die Gesellschaft ist schuld« gilt sicherlich nicht.

Weitere Erklärungsansätze

Die Entstehung einer Alkoholkrankheit wird oft auch durch biologisch-medizinische Theorien begründet. Demnach ist das süchtige Trinken auf organische Besonderheiten in Gehirn und Körper zurückzuführen, beispielsweise eine automatisch ablaufende Fehlfunktion des Gehirns bei Alkoholzufuhr.

Der Psychologe McClelland fand bei Untersuchungen über die Persönlichkeit von Alkoholtrinkern heraus, daß das Hauptmotiv für den Alkoholkonsum der Wunsch nach persönlicher Macht und »sich stark zu fühlen« ist.

Selbstverständlich gibt es noch weitere Versuche zur Erklärung der Ursachen des Alkoholismus. Vor allem der systemische Ansatz gewinnt in den letzten Jahren an Bedeutung. Sie können im Rahmen dieses Buches jedoch nicht im einzelnen dargestellt werden. Zusammenfassend läßt sich sagen, daß zwar alle Erklärungsversuche interessante Aspekte der Alkoholabhängigkeit beschreiben, keiner der Ansätze jedoch im naturwissenschaftlichen Sinn als bewiesen oder gar als eine erschöpfende Erklärung für das letztendlich rätselhafte Phänomen Alkoholismus angesehen werden kann.

Mißtrauen Sie allen »Experten«, die großspurig behaupten, sie hätten die Ursache der Alkoholkrankheit gefunden, auch wenn die Betreffenden besonders selbstsicher auftreten.

Keine Theorie reicht also für sich genommen zur Erklärung aus. Ist es möglich, die unterschiedlichen Ansätze in einer umfassenderen Theorie zusammenzufassen?

Alkoholismus als multikausales Geschehen

Die grundlegende Frage lautet: Kann überhaupt ein einzelner Grund allein die Alkoholkrankheit verursachen? Es liegt nahe, daß mehrere Faktoren bei der Entstehung und Verfestigung der Alkoholabhängigkeit eine Rolle spielen.

Dies können beispielsweise nachteilige Kindheitserfahrungen sein, gepaart mit einem frühen Beginn des Alkoholtrinkens in einer trinkfreudigen Gesellschaft. Wenn dann noch übermäßig belastende Arbeitsbedingungen dazukommen, beispielsweise Überarbeitung, dann kann das Alkoholtrinken des Betroffenen süchtig entgleisen.

Fast alle Experten neigen gegenwärtig zu der Auffassung, daß bei der Entstehung des Alkoholismus mehrere Komponenten beteiligt sind. Mit anderen Worten: Man vermutet, daß die Alkoholabhängigkeit eine »multikausal« oder »multikonditional« bedingte Krankheit ist (Abb. 4).

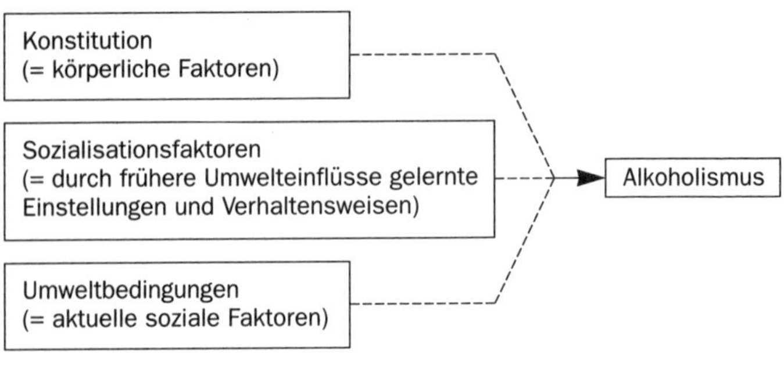

Abb. 4

Zur körperlichen Ausstattung des Menschen können sich frühkindliche Erfahrungen sowie eine das Alkoholtrinken bejahende und dazu ermunternde Umwelt addieren. Die Krankheit verselbständigt sich im weiteren Verlauf und kann dann nur noch durch eine intensive Behandlung aufgehalten werden.

Alkoholtherapie als lebenslange Aufgabe

Alkoholismus kann nicht geheilt werden. Er ist eine lebenslange Krankheit. Auch Süchtige, die abstinent leben, werden nichtsdestoweniger als Alkoholiker bezeichnet. Menschen, die in ihrer Vergangenheit süchtig Alkohol getrunken haben und es schaffen, ganz ohne Alkohol zu leben, bleiben Alkoholiker beziehungsweise »abhängig«. Das Augenmerk liegt auf folgender Tatsache:

Abhängige sind Menschen, die nicht fähig sind, Alkohol kontrolliert zu trinken. Kurze Zeit nach dem erneuten Beginn des Trinkens werden sie vielfach über kurz oder lang wieder exzessiv trinken, umgangssprachlich »voll drauf sein«. Der Begriff Alkoholabhängigkeit ist also nicht gleichbedeutend mit »naß sein« oder in einer akuten Trinkphase stecken. Ein ehemaliger süchtiger Trinker bleibt auch dann abhängig, wenn er abstinent lebt.

Zeit spielt keine Rolle, das gilt auch für Alkoholiker nach langjähriger Abstinenz. Ich habe schon mehrmals mit Alkoholikern gesprochen, die nach 25 Jahren Trockenheit einen ganz schweren Rückfall erlitten hatten. Das massive Alkoholtrinken hatte mit einem vermeintlich harmlosen Glas angefangen. Es gibt eben keinerlei Heilung von der Krankheit. Man kann sie nur zum Stillstand bringen. Viele Alkoholiker sind nicht bereit, dies zu akzeptieren, und glauben fälschlicherweise, daß sie sich nach einiger Zeit der Trockenheit, insbesondere, wenn es ihnen gut geht, doch wieder ein Gläschen genehmigen können. Doch es bleibt nicht bei dem einen Gläschen.

Die Therapie des Alkoholismus

Alkoholtrinken birgt für besonders suchtanfällige Menschen immer die Gefahr in sich, daß ihr Trinken entgleist und wieder zum unkontrollierten und selbstzerstörerischen Trinken wird. Die einzige Chance des Alkoholkranken liegt also darin zu lernen, ganz ohne Alkohol zu leben. Nur durch einen konsequenten lebenslangen Verzicht auf Alkohol kann die Krankheit gestoppt werden. Wenn der Betroffene uneingeschränkt akzeptiert, daß er nicht kontrolliert trinken kann, hat er eine Chance, seine Krankheit zu bewältigen.

Wie kann ein zufriedenes Leben ohne Alkohol erreicht werden, und wie sieht der übliche Behandlungsweg bei übermäßigem Alkoholtrinken aus?

Der Hausarzt

Üblicherweise wenden sich die meisten Menschen zunächst einmal an ihren Hausarzt, wenn sie gesundheitliche Schwierigkeiten haben. Bei der ärztlichen Untersuchung zeigen sich bei übermäßigem Alkoholkonsum natürlich Auffälligkeiten. Üblicherweise ermahnt der Arzt den Patienten, weniger oder keinen Alkohol mehr zu trinken.

Wenn die Ermahnungen zu keinen Verhaltensänderungen führen, verweisen Hausärzte ihre Patienten an eine spezialisierte Behandlungseinrichtung, beispielsweise eine Suchtberatungsstelle. Als Angehöriger eines Suchtkranken können Sie immer den Hausarzt ansprechen und ihn nach einer Suchtberatungsstelle in der Nähe Ihres Wohnortes fragen.

Falls sich trotz allem die körperliche Situation ernsthaft zugespitzt hat, weisen Hausärzte ihre Patienten mit Alkoholabhängigkeit üblicherweise in eine Klinik zur Entgiftung ein.

Die Entgiftung

Im Krankenhaus wird zunächst einmal »entgiftet«. Diese Behandlung dauert in einer Fachklinik zumeist etwa 14 Tage. Im Mittelpunkt stehen die körperlichen Störungen, insbesondere wird medizinische Hilfe bei körperlichen Alkoholentzugssymptomen geleistet. Zugleich werden bei einer guten Entgiftung mit einem Suchtberater weitere Therapiemaßnahmen erläutert, geplant und festgelegt.

In den meisten Fällen reicht eine Entgiftung allein nicht aus, um ein Leben ohne Alkohol zu erreichen. Ich habe die Erfahrung gemacht, daß über 90 Prozent meiner Patienten nach der Entgiftung wieder rückfällig wurden, wenn sich keine weiteren Behandlungsschritte anschlossen.

Wenn ein Abhängiger sich lediglich »entgiften« läßt, ohne sich auf eine weitergehende Behandlung einzulassen, ist der Rückfall fast immer vorprogrammiert.

Suchtberatungsstellen

An wen können sich die Angehörigen eines Suchtkranken wenden, wenn sie spezielle Auskünfte zum Thema Alkoholabhängigkeit oder Ratschläge für ihre besondere Lebenssituation wünschen? Für alle von der Alkoholkrankheit direkt oder indirekt betroffenen Menschen besteht die Möglichkeit, eine Suchtberatungsstelle aufzusuchen und dort Gespräche mit einem Berater zu führen. Beratungsstellen gibt es in allen größeren Orten der Bundesrepublik. Sie werden aus öffentlichen Geldern finanziert. Dort arbeiten speziell ausgebildete Suchtberater, zumeist Psychologen, Pädagogen, Sozialarbeiter/Sozialpädagogen oder Suchtkrankenhelfer. Die Beratung ist kostenlos.

In einer Suchtberatungsstelle können Abhängige bei Bedarf regelmäßige Gespräche mit dem Berater führen. Dabei kann es um aktuelle Schwierigkeiten gehen oder um Ratschläge für die Bewältigung und Gestaltung des Lebens ohne Alkohol. Auch in einer Krise oder bei einem Rückfall helfen die Berater weiter.

Die Mitarbeiter einer Beratungsstelle unterliegen streng der gesetzlichen Schweigepflicht. Nichts von dem, was in der Beratungsstelle besprochen wurde, darf an Dritte und Unbefugte weitergegeben werden. Auf Wunsch können sich die Ratsuchenden auch anonym beraten lassen, das heißt, sie brauchen ihren Namen nicht anzugeben.

Neben der Möglichkeit, mit einem Berater Einzelgespräche zu führen, können Alkoholkranke in manchen Beratungsstellen mehrmals wöchentlich an Therapiegruppen unter der Leitung eines Suchttherapeuten teilnehmen. Im Rahmen der Gruppenarbeit, die auch Teil einer ambulanten Langzeittherapie sein kann, besteht die Möglichkeit, intensiv suchttherapeutisch zu arbeiten. Dies ist für Menschen, die es schaffen, in der Zeit der ambulanten Suchttherapie trocken zu bleiben, sicherlich eine gute Möglichkeit, eine stabile Alkoholabstinenz zu erreichen.

Selbstverständlich können auch die Angehörigen eines Alkoholkranken in einer Beratungsstelle Einzelgespräche mit einem Suchtberater führen und seinen Rat einholen. Der Berater kann insbesondere zusammen mit den Angehörigen Wege für das Zusammenleben mit »nassen« Alkoholikern erarbeiten.

Selbsthilfegruppen

Ganz wichtig und für jeden Abhängigen geradezu lebensnotwendig ist der regelmäßige Besuch einer oder mehrerer Selbsthilfegruppen! Eine Alkoholiker-Selbsthilfegruppe ist ein Zusammenschluß von Menschen, die von der Krankheit Alkoholabhängigkeit betroffen sind. Dort sind viele Gruppenmitglieder, die dasselbe Schicksal teilen. Jeder der Betroffenen hatte in der Vergangenheit schlimme Probleme mit dem Alkohol, hat selbstzerstörerisch getrunken, dann erfolgreich mit dem Trinken aufgehört und beabsichtigt, auch in Zukunft abstinent zu leben. Die nunmehr trockenen Alkoholiker treffen sich zumeist einmal wöchentlich, sprechen über ihre früheren Erfahrungen mit dem Alkohol und der Alkoholabstinenz, über aktuelle Schwierigkeiten und Erfolge, tauschen Erfahrungen aus und erteilen bei Bedarf untereinander Ratschläge.

Erfahrungsgemäß sind Atmosphäre und Ton in den verschiedenen Selbsthilfegruppen sehr unterschiedlich. Allzuoft geht ein Abhängiger zu einem Gruppentreffen, nimmt an einer Sitzung teil und stellt dabei fest, daß es ihm in der Gruppe nicht gefällt. Dann ist er enttäuscht und nimmt an keiner Gruppe mehr teil: »Das bringt alles nichts.« Um das zu vermeiden, ist es wichtig, an mehreren Gruppen und Treffen probeweise teilzunehmen und jeweils zu sehen, wie es einem in der Gruppe gefällt.

Für die Angehörigen ist es oft wichtig, daß sie auch an den Gruppentreffen teilnehmen. Die meisten Selbsthilfegruppen sind für die Betroffenen und für die Angehörigen offen, sie können an den Treffen teilnehmen und sich an dem Erfahrungsaustausch beteiligen. Die Namen der Gruppen sind (in alphabetischer Reihenfolge): Anonyme Alkoholiker (AA), BlauesKreuz, Blaukreuz, Guttempler, Kreuzbund und die verschiedenen kleineren Gruppen und Freundeskreise. Die Adressen erfährt man in Suchtberatungsstellen, in der Zeitung unter »Veranstaltungshinweise«, im Telefonbuch oder beim Gesundheitsamt. Die Adressen der jeweiligen Zentralen bundesdeutscher Selbsthilfegruppen finden Sie im Anhang (Seite 138).

Bei der bekanntesten Gruppe, den Anonymen Alkoholikern, gibt es spezielle Gruppen für Familienmitglieder der Alkoholkranken, die »Al-Anon«-Gruppen. Für die Kinder gibt es entsprechend die »Al-Ateen« Gruppen.

Ich bin einige Male zu Gruppentreffen eingeladen worden. Mir hat es in den verschiedenen Gruppen immer gut gefallen, und ich habe gern an den Treffen teilgenommen. Dabei habe ich beharrlich betont, daß Selbsthilfegruppen und professionelle Suchtkrankenhelfer nicht miteinander konkurrieren. Beide ergänzen sich gut. Ich habe mit zahlreichen Selbsthilfegruppen zusammengearbeitet, und ich habe vielen Patienten empfohlen, sich einer Selbsthilfegruppe anzuschließen. Immer wieder wurden »nasse« Alkoholiker von Selbsthilfegruppenmitgliedern zu uns ins Krankenhaus gebracht. Zumeist waren es Abhängige, welche die Abstinenz mit Hilfe der Gruppe allein nicht geschafft hatten. Dann kann eine Therapie im Krankenhaus ergänzend wirken.

Eine professionell geleitete Therapie schafft die Basis der Abstinenz, die durch Selbsthilfegruppenbesuche weiter ausgebaut und stabilisiert wird.

Manchen Menschen fällt es schwer, sich in einer Gruppe wohl zu fühlen oder über persönliche Dinge vor mehreren relativ unbekannten Menschen zu sprechen. Diese Menschen können vielleicht besser in einem vertrauensvollen Einzelgespräch über ihre Konflikte sprechen. Ich rate in diesem Fall dazu, sich an eine Beratungsstelle zu wenden und mit dem Suchtberater Gespräche zu führen. Zu einem späteren Zeitpunkt kann immer noch der Anschluß an eine Selbsthilfegruppe erfolgen.

Der Anschluß an eine Abstinenz- beziehungsweise Selbsthilfegruppe ist ein wesentlicher Bestandteil der Behandlung der Alkoholabhängigkeit. Dies gilt für Betroffene und für die Mehrzahl ihrer Angehörigen.

Die stationäre Langzeitentwöhnung

Eine Langzeitentwöhnung, auch Langzeittherapie genannt, ist eine längerdauernde Behandlung in einem speziellen Krankenhaus. Diese Therapie ist angezeigt, wenn alle anderen Versuche, eine abstinente Lebensweise zu erreichen, gescheitert sind, wenn also regelmäßige Gespräche in einer Beratungsstelle, der Besuch von Selbsthilfegruppen, eine ambulante Entwöhnungsbehandlung nicht zum Erfolg führten. Sie ist ebenfalls angezeigt, wenn aufgrund der Schwere des Alkoholismus zu erwarten ist, daß diese Maßnahmen nicht ausreichen werden, um die abstinente Lebensweise zu erreichen.

In der Bundesrepublik dauern die Langzeitentwöhnungen zwischen zwei und sechs Monaten, zumeist etwa vier Monate. Die Langzeitentwöhnung vollzieht sich in dem beschützenden Rahmen einer Fachklinik. In der Patientengruppe erwerben die Patienten unter Anleitung speziell ausgebildeter Suchttherapeuten das erforderliche Wissen über die Krankheit Alkoholismus. Der individuelle Hintergrund der Abhängigkeit wird erarbeitet. Auch neue Verhaltensweisen werden gelernt, um mit den Sucht- und Alltagsproblemen besser fertig zu werden. Zugleich wird das nicht immer leichte Zusammenleben in einer Gruppe erfahren, und die Patienten können lernen, sich dieser Situation nüchtern zu stellen.

Wovon hängt der Erfolg ab?

Die Langzeittherapie ist das intensivste Mittel der Suchtbehandlung, das uns zur Verfügung steht. Auch ihr Erfolg ist ganz entscheidend davon abhängig, ob der trockene Alkoholiker nach dem Aufenthalt in der Fachklinik weiterhin aktiv etwas unternimmt, um dauerhaft abstinent zu leben. Das umfaßt den Besuch von Selbsthilfegruppen oder regelmäßige Gespräche mit einem Suchtberater, in der Fachsprache auch »Nachbetreuung« genannt. Denn auch für die Langzeittherapie in einem Fachkrankenhaus gilt: Kein Suchtkranker kann aus einem Krankenhaus als geheilt entlassen werden! Das Krankenhaus kann die unverzichtbare Hilfestellung zum Erreichen der Abstinenz geben. Danach sind die Stabilisierung und der Ausbau des Erreichten eine mindestens ebenso wichtige und umfangreiche Aufgabe.

Für die Angehörigen ist wichtig: Erkennen Sie die Notwendigkeit einer stationären Behandlung an, wenn es anders nicht geht. Unterstützen Sie Ihr alkoholkrankes Familienmitglied, indem Sie konsequent auf die Notwendigkeit einer Behandlung in einem Fachkrankenhaus hinweisen. Lassen Sie sich nicht von dem vermeintlich langen Zeitraum abschrecken, den eine solche Therapie dauert. Die Zeit, die Sie vorher mit dem Suchtkranken durchleben mußten, hat um ein vielfaches länger gedauert. Denken Sie auch an die besseren Zeiten nach der Alkoholentwöhnung.

Besuche der Familienangehörigen in der Klinik sind zumeist schon kurze Zeit nach der Aufnahme möglich. Die maximal vier Monate gehen schnell vorbei, und Sie werden ihren Partner auch während dieser Zeit sehen können. Nutzen auch Sie die Zeit der Langzeittherapie, indem Sie schon einmal eine Selbsthilfegruppe oder eine spezielle Angehörigengruppe besuchen. Nutzen Sie Möglichkeiten, um sich mit den Angehörigen anderer Patienten zu treffen, um Erfahrungen über das Zusammenleben mit alkoholkranken Menschen auszutauschen.

Die Kosten für die stationäre Langzeitentwöhnung übernimmt im Regelfall die Rentenversicherung. Wenn der Entschluß, an einer Langzeittherapie teilzunehmen, gefaßt worden ist, kann man einen Antrag u. a. in einer Beratungsstelle, in einer dazu ermächtigten Suchtklinik oder beim Gesundheitsamt stellen.

Die Langzeitentwöhnung ist eine sehr aufwendige und intensive Behandlung der Alkoholabhängigkeit. Ihr Gelingen ist an die wichtige Voraussetzung gebunden, daß der Betroffene aktiv an der Behandlung mitarbeitet und sich von der Vorstellung löst, er könne sich einfach nur behandeln lassen.

Alkoholismus als Krankheit

In der Bundesrepublik gilt der Alkoholismus rechtlich als Krankheit. Das hat für die Betroffenen viele Vorteile. Sie haben ein Recht auf eine angemessene Behandlung ihrer Krankheit, im Krankheitsfall ein Recht auf Kündigungsschutz am Arbeitsplatz, auf Lohnfortzahlung in der Zeit der Therapie und vieles mehr.

Andererseits bringt der Krankheitsbegriff auch einen Nachteil mit sich. Wir haben uns nämlich daran gewöhnt, unsere Krankheiten von Experten behandeln zu lassen. Beispielsweise wird ein gebrochener Arm vom Arzt geschient, verbleibt dann im Gipsverband und ist nach einigen Wochen zusammengewachsen. Alles ist wieder in Ordnung. Nach einer Behandlung im Krankenhaus wird ein Patient im günstigen Fall »als geheilt entlassen«. Und genau das funktioniert bei der Alkoholkrankheit nicht:

Kein Alkoholiker kann jemals aus dem Krankenhaus als geheilt entlassen werden.

Vor allem reicht es nicht aus, sich behandeln zu lassen, vielmehr ist die aktive Mitarbeit an der Therapie notwendig. Ein Arzt kann die Abhängigkeit weder mit Medikamenten noch operativ beseitigen, so wie er das bei einer Blinddarmentzündung oder bei einer Lungenentzündung kann.

Das Wichtigste und ein vielversprechendes Hilfsmittel in der Suchttherapie sind die psychologisch-pädagogischen Gespräche.

Diese erfordern die aktive Beteiligung der Betroffenen; ein passives Über-sich-ergehen-Lassen oder gar Absitzen der Therapie ist wirkungslos. Das gilt auch für die Zeit danach. »Lebenslängliche« Aktivitäten in Form von Selbsthilfegruppenbesuchen gehören zum Behandlungprogramm der Krankheit. Jeder Abhängige ist gut beraten, dies zu akzeptieren und etwa zwei Stunden pro Woche für seine Alkoholtherapie fest einzuplanen, auch wenn er schon lange alkoholabstinent lebt.

Genau genommen kann man die Krankheit lediglich zum Stillstand bringen beziehungsweise ihr Fortschreiten aufhalten, im üblichen Sinn heilen kann man sie nicht. Die Therapiechancen sind gut, vorausgesetzt der Betroffene arbeitet aktiv mit. Insofern hat Alkoholismus eine günstige Diagnose, und er ist eine Krankheit, mit der man – Abstinenz vorausgesetzt – sehr gut leben kann. Im Vergleich zu anderen chronisch Kranken, zum Beispiel einem Rheumakranken, steht der Alkoholabhängige gut da, denn er kann durch sein Engagement ein beschwerdefreies und zufriedenes Leben führen.

Als Psychologe im Krankenhaus habe ich einige Male erlebt, wie Angehörige ein alkoholkrankes Familienmitglied in die Klinik begleiteten. Sie lieferten den Kranken beim Arzt oder bei den Schwestern ab, um sich anschließend in der Kunst des Vergessens zu ergehen. Es sah aus, als ob sie sagen wollten: »Nun macht ihn mal wieder gesund« oder »Versucht ihr einmal, was zu erreichen«. Zu Angehörigengesprächen kamen sie nicht, und vielleicht waren sie froh, eine Zeitlang nichts von dem Thema »Alkohol« zu hören. Das ist verständlich, nach allem, was sie zu diesem Zeitpunkt mit der Krankheit Alkoholismus erlebt hatten. Sinnvoll ist es jedoch nicht, denn für eine wirksame Therapie sind wir auf ihre Mitarbeit angewiesen. Auch Angehörige können bei der Therapie mitwirken, wenn sie sich intensiv mit den Besonderheiten der Krankheit befassen.

Ko-Alkoholismus und seine Überwindung

Von Ko-Alkoholismus oder Ko-Abhängigkeit wird heute viel geredet. Darunter verstehen die Suchtkrankenhelfer, daß die Menschen in der Umgebung eines Suchtkranken, insbesondere die Ehepartner und Familienangehörigen, ihren Teil dazu beitragen, daß sich die Situation verfestigt und die Krankheit immer weiter fortschreiten kann. Letztendlich geht es dann weder vor noch zurück. Ich möchte dies an einem Beispiel aus meiner Zeit als Psychologe im Krankenhaus verdeutlichen.

Eines Tages wurde ein körperlich schwerkranker Patient eingeliefert, der anscheinend ungewöhnlich lange extrem große Mengen Alkohol getrunken hatte. Ich war darüber verwundert, daß es der Mann geschafft hatte, so lange Zeit Unmengen von Alkohol in sich hineinzuschütten, ohne zusammenzubrechen oder alles Geld zu vertrinken. Da der Patient nicht ansprechbar war, fragte ich seine Ehefrau. Im Beratungsgespräch schilderte sie mir, wie es dazu gekommen war. Tatsächlich war das Alkoholtrinken ihres Mannes schon vor über 10 Jahren entgleist. Vor etwa 6 Jahren hatte er wegen der Trinkerei die Arbeit verloren. Daraufhin meldete er sich arbeitslos und vertrank einen großen Teil der Unterstützungszahlungen. Der Familie verblieb nur wenig Geld zum Leben. Anfangs verließ der Mann noch die Wohnung, um sich auf Arbeitssuche zu begeben. Wenn er eine Stelle gefunden hatte, verlor er wegen seiner Trinkerei die Arbeit bald wieder. Zudem steigerte sich der Alkoholkonsum ständig, so daß der Mann eines Tages nicht mehr in der Lage war, die notwendigen Behördengänge zu unternehmen, um weitere Unterstützungsgelder zu beantragen. Zu der Zeit ging das Geld der Familie vollends zur Neige. Die Frau nahm in der Not eine Stelle als Reinigungsfrau an, damit die Familie überhaupt Geld hatte. Sie dachte vor allem an die zwei Kinder. Ihr Mann blieb nun fast ständig im Haus und trank mehr und mehr. Lediglich zum Alkoholkaufen ging er noch kurz vor die Tür. Mittlerweile war er körperlich alkoholabhängig geworden. Erschrocken stellte die Frau fest, daß sie ihren Mann abends sehr fahrig und häufig zitternd vorfand. Deshalb gewöhnte sie es sich an, abends zwei Flaschen Bier mitzubringen, weil das Bier ihn wieder »normalisierte«. Der Mann bekämpfte damit seine Entzugserscheinungen. Aus den Bierflaschen wurde bald eine Flasche Schnaps, dann zwei Flaschen. Der Alkoholkonsum stieg und stieg, und der Mann, von nun an Tag und Nacht im Bett, trank und schlief abwechselnd. Am Ende kippte er mehr als 2 Liter Schnaps täglich in sich hinein und war unfähig, das Haus zu verlassen. Natürlich wurde sein Körper dabei schwer geschädigt, es ging gesundheitlich beständig bergab. Nach einem plötzlichen Zusammenbruch wurde er dann buchstäblich sterbenskrank zu uns ins Krankenhaus eingeliefert.

Der untersuchende Arzt stellte einen lebensbedrohlichen Zustand und eine Reihe schwerster Körperschäden fest. Der Frau wurde im Verlauf des Beratungsgespräches klar, daß es nur durch ihre ständige gutgemeinte »Fürsorge« so weit hatte kommen können. Sie hatte den Alkohol, der den Körper des Mannes so schwer schädigte selbst herbeigetragen und ihm in die Hand gedrückt. Ohne diese jahrelange Alkoholzufuhr hätte es nie so weit kommen können, zumindest wären die schweren Körperschäden ausgeblieben. Im Beratungsgespräch verdeutlichte ich der Frau diesen Punkt. Tatsächlich hatte sie in der Krisenzeit diesen entscheidend wichtigen Punkt nicht bemerkt. Sie hatte sich völlig verausgabt und den Überblick verloren.

Diese Art von tätigem Mitleid nennt man Ko-Alkoholismus. Der Ko-Alkoholiker schwächt die negativen Konsequenzen des süchtigen Trinkens ab.

Wenn das Verhalten des Angehörigen dazu führt, daß das süchtige Alkoholtrinken fortbesteht, genauer gesagt, erst durch »Hilfe« fortbestehen kann und eine Behandlung verhindert wird, dann liegt Ko-Alkoholismus vor.

Die vielfältigen Formen des Ko-Alkoholismus

Ko-Alkoholismus spielt sich nicht immer so klar ab wie im angeführten Beispiel. Er fängt beim Nicht-wahrhaben-Wollen und Vertuschen an, erfährt Unterstützung in Form von scheinbar harmlosen Entschuldigungen am Arbeitsplatz (»Er kann leider nicht kommen, er hat eine Magenverstimmung«) oder durch das Begleichen von Zechschulden beziehungsweise andere finanzielle Hilfen und endet beim Alkoholeinkauf für den Abhängigen. Auch die vielfältigen Formen des Verleugnens und Verbergens eines Alkoholproblems durch Angehörige gehören dazu. Was passiert eigentlich, wenn das Problem nicht mehr verborgen wird, sondern jeder klar sehen kann, was in der Familie vor sich geht?

Es lohnt sich, einmal darüber nachzudenken, auf welche Weisen Angehörige Ko-Alkoholismus betreiben können. Die Frage lautet: Welche Handlungen können dazu beitragen, daß sich eine Alkoholabhängigkeit verfestigen kann?

Als Angehörige sind Sie gut beraten, im Interesse des Betroffenen nichts zu unternehmen, was die selbstzerstörerische Krankheit verstärkt oder sie fortbestehen läßt.

Manche Suchtberater deuten alle Verhaltensweisen von Menschen im Umfeld von Alkoholabhängigen unter den Aspekten »ko-alkoholisch« und »nicht ko-alkoholisch«. Sie vertreten die Auffassung, daß Abhängige dazu neigen, ein ko-alkoholisches Umfeld aufzusuchen und ein nicht ko-alkoholisches zu meiden. Als Konsequenz fordern sie von Menschen im Umfeld von Alkoholkranken nachhaltig ein konsequentes Unterlassen von Ko-Alkoholiker-Verhalten.

Mit ko-alkoholischem Verhalten können nicht nur die Bezugspersonen im familiären Umfeld des Alkoholikers reagieren.

Zu den Ko-Alkoholikern gehören auch Vorgesetzte und Kollegen am Arbeitsplatz, die über unpassenden Alkoholkonsum und Alkoholmißbrauch hinwegsehen. Ebenfalls dazu gehören jene Vorgesetzten, die sich bei den alkoholbedingten Folgeerscheinungen wie Unfälle, Krank-

heiten, Fehltage nicht um Erkennung und Beseitigung der Ursachen kümmern. Dies gilt zum Beispiel auch für den Hausarzt, der bei einer alkoholverursachten Organerkrankung lediglich mit Tabletten behandelt und krankschreibt, das süchtige Alkoholtrinken hingegen nicht nachhaltig anspricht. Ko-Alkoholiker sind Politiker, die die Volkskrankheit Alkoholismus bagatellisieren oder gar totschweigen.

In der Bundesrepublik ist die Werbung für Alkohol immer noch erlaubt, obwohl jedem Politiker bekannt ist, daß Alkohol einer der größten Krankheitsverursacher ist. Sinnvoll wären Werbekampagnen zur Unterscheidung von Genußtrinken und süchtigem Alkoholtrinken.

Ähnlich wie für die Alkoholkrankheit selbst haben die Suchtexperten für den Ko-Alkoholismus ein Phasenmodell entwickelt. Auch Ko-Alkoholismus entwickelt sich, und es gibt dabei voneinander trennbare Verhaltensweisen.

Die Beschützer- und Erklärungsphase

Das starke Alkoholtrinken und das alkoholbedingte Fehlverhalten werden verdeckt und entschuldigt. Schritte zur Behandlung der Alkoholkrankheit werden nicht gefordert beziehungsweise eingeleitet. Die Personen im Umfeld scheinen sich über den Ernst der Lage nicht im klaren zu sein.

Die Kontrollphase

Die Angehörigen versuchen, den Alkoholkonsum des Betroffenen zu kontrollieren. Eine Mäßigung des Trinkens und das Versprechen, tageweise nicht zu trinken, werden eingefordert. Die Bezugspersonen versuchen, auf das Trinkverhalten direkt Einfluß zu nehmen. Wenn das alles nicht hilft, folgt die letzte Phase.

Die Anklagephase

Der Abhängige sieht sich aggressiv vorgetragenen Vorwürfen und Kritik gegenüber.

Wie dramatisch der Ko-Alkoholismus werden kann, wird deutlich, wenn die betroffenen Angehörigen ihre ko-alkoholischen

Erfahrungen nach einer erfolgreichen Therapie schildern. Eine Ehefrau stellte dabei fest, daß sie sich auf dem Höhepunkt der Krise als »abhängig von der Abhängigkeit« erlebte. Der Alkoholismus des Partners war zu ihrem Lebensinhalt geworden, ihr ganzes Denken, Fühlen und Handeln drehte sich um das süchtige Alkoholtrinken und die erfolglosen Versuche, etwas zu unternehmen. Sie war ständig erschöpft und unternahm keinen Schritt, der tatsächlich zu einer Veränderung geführt hätte. Sie konnte sich ihr Leben gar nicht mehr ohne den ständigen Kampf gegen das süchtige Alkoholtrinken vorstellen. Wäre er entfallen, hätte eine große Leere gedroht. Erst durch den körperlichen Zusammenbruch des Mannes kam es zu einer Therapie. Später erkannte die Frau, daß das ständige Kämpfen gegen die Flasche eine wichtige Funktion gehabt hatte. Es verdeckte die innere Leere und die eigenen Lebensprobleme. Diese konnten erst aufbrechen und wurden sehr schmerzhaft spürbar, als der Mann in einem Fachkrankenhaus zur Therapie war und die Frau zur Ruhe kam. »Es wäre am besten gewesen, wenn ich all dies schon früher erkannt und mir so einen langen Leidensweg erspart hätte«, sagte sie am Schluß ihrer Überlegungen.

Fragen Sie sich einmal kritisch, ob Sie in irgendeiner Weise als Ko-Alkoholiker in das Suchtgeschehen eingebunden sind. Klären Sie auch, ob Sie möglicherweise »abhängig von der Abhängigkeit« sind. Wenn ja, dann ist ein schnelles und entschlossenes Handeln angesagt.

Ich selbst verwende den Begriff Ko-Alkoholiker gern etwas sparsamer. Ich möchte den Angehörigen nicht gleich den »schwarzen Peter« geben, sie als Schuldige oder als aktiv Mitbeteiligte am Suchtgeschehen darstellen. Nicht jeder Angehörige ist automatisch ein Ko-Alkoholiker, wenn sich die Alkoholabhängigkeit verfestigt! Nach meiner Erfahrung sind viele Angehörige einfach hilflos. Sie wissen nicht genug über die Krankheit, oder sie wissen nicht, wie sie die Krankheit wirksam beeinflussen können.

Eins steht zweifelsohne fest: Fast alle Angehörigen Suchtkranker möchten die Lage zum Besseren wenden.

Der Verlauf der Alkoholkrankheit und der Genesung

Im folgenden Schaubild werden der Verlauf der Alkoholkrankheit und häufige Verhaltensweisen der Menschen im Umfeld des Abhängigen beispielhaft beschrieben. Die Entwicklung der Alkoholabhängigkeit und die Auswirkungen auf die Angehörigen sind in der Abbildung stark vereinfacht dargestellt.

Jede Sucht ist, wie ich am Anfang des Buches schon betont habe, ein einzigartiger Prozeß. Suchtberater haben ihre immer wieder gemachten Beobachtungen in vielerlei Verlaufsbeschreibungen wiedergegeben. Diese gelten nur mit Einschränkungen. Nicht jeder Abhängige durchläuft alle Schritte. Je eher der Ausstieg gelingt, desto besser. Es muß sich nicht bis zum Zusammenbruch zuspitzen. Vor allem stimmt die Reihenfolge oft nicht, einzelne Stufen werden übersprungen oder treten wesentlich später beziehungsweise früher ein. Viele Betroffene und Angehörige erkennen ihr Verhalten jedoch in dem Schaubild wieder.

In dieser Darstellung wird deutlich, daß die Alkoholabhängigkeit nicht auf den Betroffenen selbst beschränkt ist, sondern auch seine Bezugspersonen davon betroffen sind. Durch die oftmals engen Beziehungen des Abhängigen zu seinen Mitmenschen sind diese in den sich ständig verschärfenden Suchtprozeß tief verstrickt. Wenn sie sich ko-alkoholisch verhalten, können sie den Krankheitsverlauf sogar verlängern oder verstärken.

Beispielhafter Verlauf einer Alkoholkrank-

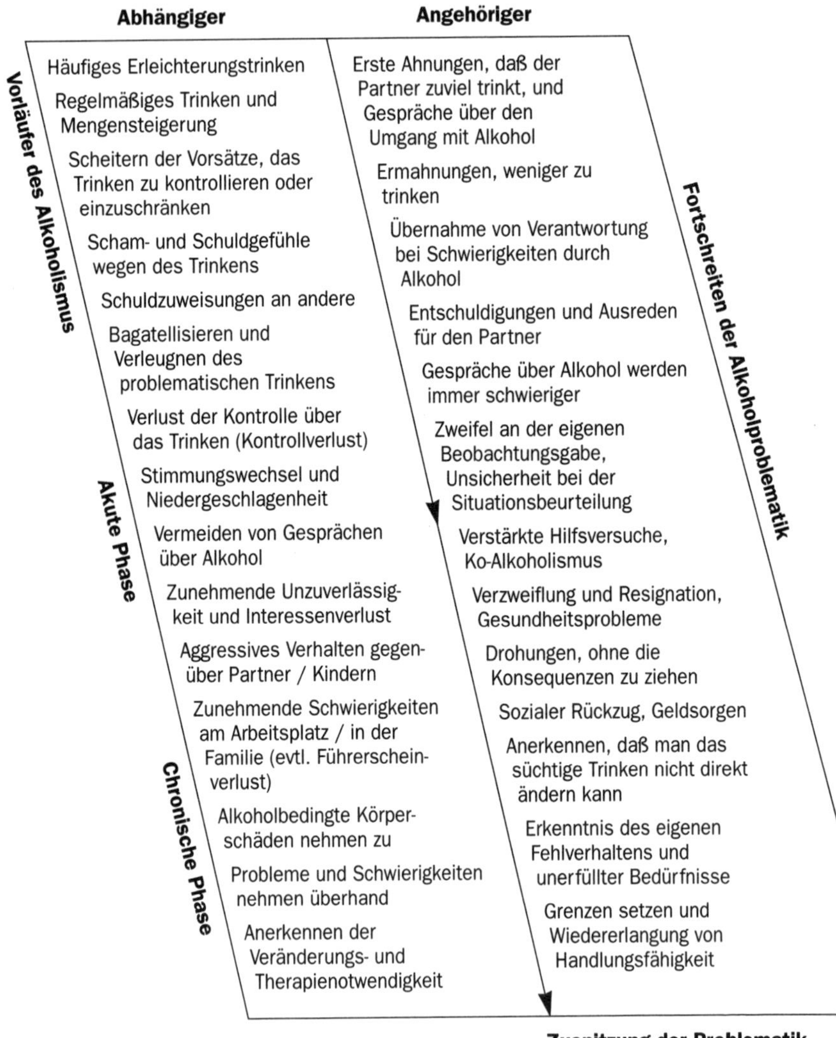

Abb. 5

heit bei Betroffenen und Angehörigen

Behutsames Aufeinanderzugehen
Zufriedenes gemeinsames Leben
Aufbau guter Familienverhältnisse
Besuch der Selbsthilfegruppe

Problembewältigung und abstinente Lebensweise

Angehöriger

Erkenntnis, daß die Stimmung in der Familie von mehreren Faktoren abhängen kann

Partner wird zunehmend selbständiger

Die Rollen in der Familie werden neu verteilt

Bedürfnis, daß andere Anerkennung für Durchgestandenes aussprechen

Mißtrauen gegenüber dem Partner

Vertiefte Erkenntnis der eigenen Rolle im Suchtprozeß

Innere Spannungen, Zweifel am Therapieerfolg

Skepsis, abwartende Haltung

Verbindliche Vereinbarung, eine Behandlung zu beginnen, oder Trennung vom Partner

Besuch einer Selbsthilfegruppe / Beratungsstelle

Abhängiger

Übernahme von Verantwortung

Besseres Einstellen auf die Bedürfnisse des Partners

Entdecken neuer Interessen, Schließen neuer Partnerschaften

Selbstachtung kehrt zurück

Stabilisierung der Partnerschaft

Fester Anschluß an eine Selbsthilfegruppe

Zukunftsängste nehmen ab

Rekonstruktion der eigenen Suchtgeschichte

Mitarbeit im Therapieprogramm, Erlernen neuer Einstellungen

Erkennen von Fehlverhalten und suchttypischen Verhaltensweisen

Selbstkritische realistische Bestandsaufnahme

Einleitung von Therapiemaßnahmen und Beginn der Alkoholabstinenz

Wunsch nach Hilfe wird geäußert

Phase der Labilität

Aufhellungszeit

und Erreichen eines Tiefpunktes
wenn der Ausstieg früher gelingt!)

Zwei Besonderheiten des Verhaltens Alkoholkranker

Zwei Besonderheiten, die alles andere überragen, kennzeichnen das typische Verhalten Alkoholkranker. Die erste besteht in der extrem hartnäckigen Weigerung, irgend etwas am süchtigen Alkoholtrinken zu ändern. Die Situation scheint oftmals völlig festgefahren zu sein. Der Angesprochene widersetzt sich allen Forderungen nach Veränderung. Ein zweites Verhaltensmerkmal ist die Unfähigkeit des Betroffenen, seine Situation realistisch wahrzunehmen und einzuschätzen. Er bagatellisiert oder verleugnet sein Alkoholproblem, streitet ab, alkoholabhängig zu sein, oder er verzerrt die Wirklichkeit. Dies macht das Zusammenleben und die Kommunikation mit ihm besonders schwierig. Es ist hilfreich, sich diese Verhaltensweisen genauer anzuschauen, um das Verhalten von Alkoholkranken besser verstehen zu können.

Die Nichtbeeinflußbarkeit des Abhängigen

Das herausragende Merkmal der Alkoholkrankheit ist die Weigerung der Betroffenen, irgend etwas an ihrer Situation zu ändern. Nach meinen Beobachtungen schaffen es viele nicht, im Frühstadium ihres entgleisten Trinkens aktiv etwas zu unternehmen, um die Krankheit zu stoppen. Einige erkennen selbstkritisch ihre Suchttendenzen oder reagieren schnell auf die Kritik an ihrem Trinkverhalten. Dann leben sie konsequent alkoholabstinent. Diese Menschen bewegten sich zumeist im Grenzbereich zwischen dem Starktrinken und der Abhängigkeit. Die Bewältigung des Alkoholproblems verläuft bei ihnen zumeist unspektakulär. Professionelle Behandler sehen diese alkoholgefährdeten Menschen selten.

Bei den Alkoholkranken, deren Verhalten für die Angehörigen sehr belastend wird, ist das anders. Sie fahren fort, Alkohol zu trinken, selbst wenn sie es schon lange nicht mehr richtig kontrollieren können. Ihre Trinkmengen steigern sich ständig, der Alkoholkonsum liegt weit außerhalb der gesellschaftlich akzeptierten Norm und ist schon schädlich geworden. Zumeist melden sich ihre Angehörigen als erste zu Wort, zuerst leise und vorsichtig mit Äußerungen wie »Meinst du nicht, daß du schon genug hast?«, dann immer lauter: »...daß du dich immer betrinken mußt...« Typischerweise bewirken diese Versuche und Appelle kaum etwas oder gar nichts, manchmal sogar das Gegenteil. Es hat den Anschein, daß die Alkoholkrankheit gerade dadurch gekennzeichnet ist, daß der Betroffene sich gegen die Einsicht »Mein Trinken ist unkontrolliert« oder »Ich bin alkoholabhängig« hartnäckig sperrt. Dieser Alkoholkranke ist uneinsichtig, er weigert sich, seine Situation realistisch zu erkennen. Allzuoft kann die festgefahrene Situation anscheinend durch nichts in Bewegung gesetzt werden.

Die Angehörigen werden vom Sog der suchtbegleitenden Ereignisse ganz massiv erfaßt. Sie schämen sich wegen der Schande, die über die Familie gekommen ist. Anfangs trauen sie sich nicht, das Thema anzusprechen. Vielleicht hoffen sie, daß sich die Angelegenheit von selbst wieder verliert oder daß sich irgendeine Lösung von außen ergibt. Eine fortgeschrittene Alkoholabhängigkeit hält oftmals alle Familienmitglieder fest im Griff. Alles dreht sich in der Familie darum. Es geht nicht vor und nicht zurück, und es hat den Anschein, daß in der Familie die Regel gilt: »Alles muß so bleiben, wie es ist, koste es, was es wolle.« Egal, wie hoch der Preis auch ist, sei es das psychische Leid der Angehörigen, der zunehmende Verfall des Betroffenen oder die mannigfachen Krisen der Kinder, eine wirkliche Veränderung der Situation erfolgt nicht.

Wenn sich die Situation zuspitzt und ihre Kritik und Appelle nichts bewirken, reagieren die Angehörigen oft mit Wut und Hilflosigkeit. Viele Angehörige werden dabei selbst psychisch oder körperlich krank. All das sind keine ungewöhnlichen Begleiterscheinungen des Krankheitsbildes, insbesondere die Festgefahrenheit der Situation gehört dazu. Die Abhängigen selbst haben meist große Angst vor dem Leben ohne Alkohol, sie wollen unter keinen Umständen auf das Trinken verzichten. Auch die Angehörigen verspüren häufig große Angst vor einschneidenden Veränderungen im Familiensystem. Dies kann die Angst vor dem Arbeitsplatzverlust sein oder die Angst vor einer Trennung.

Diese Ängste steigern sich bei den Angehörigen langsam und unmerklich zum Ko-Alkoholismus. Die Sucht wird dann nicht nur von den Angehörigen mitstabilisiert, sondern ihr Fortbestand festgeschrieben, wie ich das im Kapitel über Ko-Alkoholismus dargestellt habe.

Psychologen sprechen in diesem Zusammenhang auch von der Rigidität (= Starrheit) des Verhaltens.

Die Wünsche und das Kritisieren eines Angehörigen reichen in sehr vielen Fällen nicht aus, eine Verhaltensänderung beim Abhängigen einzuleiten. Wenn Sie als Angehörige diese Erfahrung gemacht haben, nutzen Sie das aus, um einen wichtigen Entschluß zu fassen: In Zukunft mache ich es anders!

Bagatellisieren, Verharmlosen und Verleugnen

Die zweite Besonderheit der Alkoholkrankheit ist die Neigung der Betroffenen, ihr übermäßiges Trinken zu verharmlosen oder gar ganz abzustreiten. In Gesprächen mit uneinsichtigen Alkoholkranken finden sich häufig folgende Reaktionsweisen: Sie bagatellisieren und verharmlosen ihren Alkoholkonsum. »Es ist doch nicht so schlimm« oder »Ich trinke doch wie jeder andere auch« oder »Die anderen trinken noch viel mehr« und ähnliche Äußerungen sind an der Tagesordnung. Manchmal werden nach Trinkexzessen auch ganz einfach falsche Angaben gemacht – beispielsweise »Ich habe doch nur drei Glas Bier getrunken«. Oft ist der Sprecher selbst der festen Überzeugung, daß er die Wahrheit sagt.

Fließend verläuft der Übergang zum vollständigen Verleugnen des Alkoholproblems, beispielsweise in der Form »Ich kann jederzeit aufhören« oder »Ich habe keine Schwierigkeiten damit und alles im Griff« oder »... alles ganz normal«. Die Verleugnung zeigt sich auch in der Weigerung, sich überhaupt mit der Kritik am Trinkverhalten zu befassen beziehungsweise wirklich auseinanderzusetzen. Dies kann sich beispielsweise äußern als »Laß mich in Ruhe« oder »Ich will nichts mehr davon hören« oder einfach dadurch, daß der Angesprochene das Haus in Richtung Wirtschaft verläßt, falls sein Alkoholtrinken kritisch angesprochen wird.

Natürlich bringt die Verleugnung des süchtigen Trinkens die Angehörigen in eine besonders schwierige Lage. Wie kann ein Konflikt gelöst werden, wenn der Angesprochene überhaupt nicht auf die Botschaften reagiert? Er scheint zu signalisieren, daß es diesen Punkt für ihn gar nicht gibt. Aus psychologischer Sicht ist dies eine besonders heikle Reaktion, welche die Angehörigen regelrecht krank machen kann.

Die Verhaltensweisen Bagatellisieren, Verharmlosen und Verleugnen machen nach meinen Erfahrungen die Gespräche mit Abhängigen oftmals so schwer. Die Angehörigen reagieren üblicherweise hilflos: »Es ist nicht möglich, mit ihm vernünftig zu reden.« Manche wissen gar nicht mehr so recht, was eigentlich los ist, da sie an ihren eigenen Wahrnehmungen und Einschätzungen zu zweifeln beginnen. Falls es Ihnen ähnlich ergehen sollte, vergegenwärtigen Sie sich bitte, daß diese Bagatellisierungen, Verharmlosungen oder Verleugnungen der Alkoholabhängigkeit zum Krankheitsgeschehen gehören. Sie sind ein fester Bestandteil der Alkoholkrankheit und insofern ganz »normal«.

Die gefährliche Kombination von extremer Starrheit und Verleugnungs- und Bagatellisierungstendenzen mündet oftmals in eine ausgeprägte Tendenz Alkoholabhängiger zur Verzerrung der Realität. Der Alkoholkranke ist nicht in der Lage, seine wirkliche Situation zu erkennen. Er sieht die Dinge so, wie es mit seinem süchtigen Alkoholtrinken am besten vereinbar ist. Das Ziel ist dabei, daß es so weitergehen soll wie bisher, koste es, was es wolle. Sein Blick ist getrübt, zu sehr setzt ihm die Alkoholkrankheit zu.

Für Angehörige ist es hilfreich, sich diese typischen Verhaltensmuster Abhängiger als festen Bestandteil der Krankheitsentwicklung vor Augen zu führen. Wenn man sich über diese Zusammenhänge im klaren ist, kann man vieles besser verstehen und einordnen.

Sehr viele Angehörige haben mit diesen Verhaltensmuster Abhängiger Schwierigkeiten. Es bedarf wohlüberlegter Gegenmittel, um zugleich etwas für sich und den von der Alkoholkrankheit Betroffenen zu erreichen.

Die Veränderung geht nicht nur vom Betroffenen aus

Ich halte die Auffassung für falsch, nach der alle Initiative zur Veränderung ausschließlich vom Abhängigen selbst ausgehen muß, ganz nach dem Motto: »Er muß nur wollen«. Die Menschen im Umfeld warten dabei nur passiv ab oder halten sich fälschlicherweise für handlungsunfähig. Gefährlich ist insbesondere die Behauptung, daß ein unbeeinflußbarer nasser Alkoholiker noch tiefer fallen müsse, damit er zur Einsicht gelange. Dieses »Verelendungsdogma« birgt die große Gefahr in sich, daß die Alkoholkrankheit der Uneinsichtigen immer weiter fortschreitet, manchmal sogar bis zum frühzeitigen Tode. Dieses Fortschreiten des psychischen und körperlichen Verfalls wird als notwendig für eine Einstellungs- und Verhaltensänderung erachtet und von den Menschen im Umfeld abwartend beobachtet.

Meiner Meinung nach ist es besser, wenn die Krankheit möglichst schnell erkannt und gestoppt wird. Dies kann dadurch geschehen, daß die Menschen in der Umgebung eines Alkoholkranken nachhaltig auf einer Behandlung bestehen und keinerlei Ko-Alkoholiker-Verhalten praktizieren. Wichtig ist auch, daß die Schädigungen der Menschen im sozialen Umfeld eines Alkoholkranken möglichst gering bleiben. Je eher die Behandlung beginnt, desto besser. Nach meinen Erfahrungen sind die meisten süchtigen Trinker ohne ko-alkoholische Unterstützung und angesichts der Konfrontation mit massiven Nachteilen des Weitertrinkens durchaus zu entscheidenden Veränderungen bereit.

Angehörige können das Alkoholproblem des Betroffenen

- *verstärken,*
- *verlängern oder*
- *verkürzen.*

Verstärken und Verlängern geschieht durch ko-alkoholisches Verhalten. Wie Angehörige den Leidensweg des Betroffenen verkürzen können, werde ich später zu zeigen versuchen. Wenn es auch keine schnell wirkenden Patentlösungen gibt, so können Angehörige doch den Weg zur Alkoholabstinenz unterstützen.

Im Vorfeld können die Angehörigen also den Weg bahnen und vor allem sich selbst schützen, was ich besonders betonen möchte. Als wichtigen ersten Schritt können Sie als Angehöriger Ihre Aufmerksamkeit auf Ihre eigene Situation richten und Ihr eigenes Verhalten hinterfragen.

Wer soll sich ändern?

Wie ich schon mehrmals betonte, sind alkoholkranke Menschen im allgemeinen nicht bereit, etwas gegen das übermäßige Trinken zu unternehmen. Die Angehörigen Abhängiger machen in dieser festgefahrenen Situation oft einen folgenschweren Fehler. Sie erwarten, daß ausschließlich der Alkoholkranke sein Verhalten ändert. Anfangs hoffen die Angehörigen, daß er seinen Alkoholkonsum mäßigt. Etwas später reden sie ihm gut zu oder mahnen zur Mäßigung. Später fordern sie einen Verzicht auf Alkohol, und dann, wenn all das nicht funktioniert, die Teilnahme an einer Suchttherapie. In all diesen Fällen fordern sie Veränderungen vom Abhängigen selbst. »Trink doch weniger«, »Reiß dich zusammen« oder »Hör endlich mit dem Trinken auf«. Diese Forderungen stoßen beim Angesprochenen meist auf Ablehnung, und die Situation spitzt sich zu.

Dabei vergessen die Angehörigen, daß sie unsinnigerweise Veränderungen vom Abhängigen fordern. Der sieht keinen ausreichenden Grund für eine Veränderung, er hat sich an das ständige Alkoholtrinken gewöhnt. Lange Zeit war das Trinken angenehm oder ist es immer noch. Er benötigt den Alkohol. Die Schwierigkeiten in seinem Leben führt er nicht auf das Alkoholtrinken zurück, er verzerrt und bagatellisiert es. Kurzum, er verspürt keinen Handlungsbedarf. Vielleicht fürchtet er sich so sehr vor Veränderungen, daß er sich unter den gegebenen Umständen gar nicht ändern kann. Das Verhalten eines »nassen« Alkoholikers läßt sich mit den üblichen Mitteln nicht beeinflussen.

In solch einem Fall empfehle ich folgendes: Es ist für den Angehörigen viel einfacher, das eigene Verhalten zu ändern. Sie möchten ja nicht, daß es so wie bisher weitergeht. Es liegt also bei Ihnen, die Initiative zu übernehmen und Ihr Verhalten zu ändern. Hören Sie auf, Änderungen nur von Abhängigen zu erwarten.

Für viele Angehörige ist das Herzstück einer erfolgreichen Bewältigung ihrer mißlichen Lage der Grundsatz: »Ich erkenne an, daß du so bleiben kannst, aber ich möchte mich ändern«. Wenn Ihnen das gelingt, haben Sie schon mehr als die Hälfte des Weges zurückgelegt.

Darauf müssen Angehörige achten

Machen Sie sich keine Vorwürfe

Sie sollten sich weder Vorwürfe machen, weil es Ihnen bisher nicht gelungen ist, das Verhalten des Abhängigen zu beeinflussen, noch die quälende Frage stellen: »Was habe ich nur falsch gemacht?« Sehr große Konflikte im Zusammenleben mit Alkoholkranken sind ein fester Bestandteil des Krankheitsbildes. Versuchen Sie, aus den bisherigen Fehlern zu lernen und es in Zukunft anders zu machen. Wenn Sie das nicht allein schaffen, dann mit der Hilfe anderer, zum Beispiel eines Suchtberaters. Fehler sind keine Schande, sie gehören zum Leben. Die Kunst besteht darin, die Fehler nicht zu oft zu wiederholen. Beschließen Sie, es in Zukunft anders zu machen.

Verlassen Sie sich nicht auf Versprechen

Angehörige von Abhängigen machen oft die Erfahrung, daß ein alkoholkrankes Familienmitglied ihnen bei Kritik an seinem Alkoholtrinken schöne Versprechen macht, zum Beispiel: »Ab morgen ist Schluß!« Einen Tag später wiederholt sich die Situation und mündet in dasselbe Versprechen, das wiederum nicht eingehalten wird, was zu erneuter Enttäuschung führt.

Abhängige sind nicht in der Lage, Versprechen einzuhalten, obwohl sie es gern möchten. Zu sehr hat sie die Sucht im Griff.

Verlassen Sie sich nicht auf Versprechen, sondern schauen Sie auf das, was der Abhängige tatsächlich macht. Die Taten zählen, nicht die Versprechen.

Vertuschen Sie nichts

Die meisten Suchtkranken sind nicht in der Lage, ihre Situation realitätsgerecht zu erkennen. Das unkontrollierte Alkoholtrinken wird bagatellisiert oder gar ganz verleugnet. Oft beteiligen sich die Angehörigen an dieser »Vernebelungsaktion«. Möglicherweise fühlen sie sich mitschuldig an der Situation oder befürchten allzu schlimme Folgen für den Fall, daß die Abhängigkeit aufgedeckt wird. Aber Vertuschen, Verleugnen oder Nicht-wahrhaben-Wollen helfen nichts.

Im Extremfall wird die Alkoholkrankheit aus einem Mangel an Wissen gar nicht wahrgenommen und das Trinken als normaler Alkoholkonsum eingeordnet. In den meisten Fällen jedoch ahnen der Betroffene selbst und seine Angehörigen, daß das Alkoholtrinken süchtig entgleist ist. Der schwarze Fleck wird vertuscht.

Nach meinen Beobachtungen kommt das Nicht-wahrhaben-Wollen viel zu oft vor. Wenn Sie dem Trinker dabei helfen, das süchtige Trinken zu verbergen und zu verleugnen, dann tragen Sie Ihren Teil dazu bei, daß der alkoholkranke Mensch sich weiterhin zerstört. Die »Alkoholkarriere« kann weiter fortschreiten (siehe »Die vielfältigen Formen des Ko-Alkoholismus«, Seite 80).

Überlassen Sie es beispielsweise dem Abhängigen, sich selbst am Arbeitsplatz zu entschuldigen, wenn er alkoholbedingt arbeitsunfähig ist. Wenn in Ihrer Familie bislang die unausgesprochene Regel galt: »Es wird nicht über den Alkoholismus gesprochen« oder »Es wird nicht darüber gesprochen, was wirklich geschieht«, dann sprechen Sie alles an, was bisher verschwiegen wurde.

Sagen Sie dem Alkoholiker unmißverständlich, daß Sie ihn für abhängig halten und seine Mitarbeit bei der notwendigen Behandlung erwarten. Geben Sie dem Betroffenen die Verantwortung zurück.

Lassen Sie sich nicht ablenken

Genauso wie die Verleugnung der Alkoholabhängigkeit gehören auch die »guten Gründe« für das Trinken zum Krankheitsbild. Der Alkoholkranke behauptet beispielsweise, das Trinken sei durch andere Schwierigkeiten verursacht, durch Streß am Arbeitsplatz oder sogar durch das Verhalten eines Angehörigen. Die Verzerrungen können bis zum völlig unsinnigen Vorwurf »Du bist schuld an meinem Trinken« gehen. Der nasse Abhängige ist bereit, über die von ihm angeführten »tieferen« Gründe zu reden, nicht aber über sein Alkoholtrinken. Manchmal behaupten nasse Alkoholiker unsinnigerweise, daß sich das Trinkproblem nach Beseitigung der vermeintlichen Ursachen von selbst lösen werde.

In vielen Fällen entpuppen sich die vorgeschobenen »guten Gründe« für das Trinken als Folgen des schon lange andauernden süchtigen Trinkens. Der Alkoholismus ist zumeist die Ursache, nicht die Folge der anderen Schwierigkeiten in seinem Leben.

Beispielsweise ist ein körperlich durch den Alkohol geschädigter Abhängiger oft nicht mehr in der Lage, am Arbeitsplatz die erforderliche Arbeitsleistung zu bringen. Dadurch handelt er sich natürlich Schwierigkeiten und Kritik ein. Er selbst erlebt das als Überforderung oder Schikanen seiner Vorgesetzten. Dieses Vorschieben »guter Gründe« führt allzuoft zum Zerreden der Alkoholschwierigkeiten. Zerredet wird durch das umständliche und langatmige Hervorheben von nebensächlichen Aspekten der Situation, zum Beispiel durch umständliche Debatten darüber, daß man die Alkoholreklame verbieten müßte, die Hausordnung im Fachkrankenhaus zu streng ist, der professionelle Suchtkrankenhelfer sich in einen Abhängigen nicht richtig einfühlen kann, bis hin zu Fragen, wer das Haustier während der Therapie versorgt. Einmal habe ich tatsächlich erlebt, daß ein lebensbedrohlich erkrankter Abhängiger eine Therapie mit dem Hinweis »Ich kann doch meinen Hund nicht allein lassen« verweigerte. Das Zerreden kann also dadurch geschehen, daß Gespräche über den unkontrollierten Alkoholkonsum »ausfransen« und in ermüdende Debatten über Details münden oder gar bei ganz anderen Themen enden. Umständlich und ausschweifend wird über vielerlei Dinge geredet, die nichts mit der alles überschattenden Alkoholabhängigkeit zu tun haben. Der Abhängige zeigt sich ausgesprochen gesprächig bei allen möglichen Dingen, beim Thema Alkohol hingegen wirkt er ausgesprochen wortkarg.

Lassen Sie sich als Angehöriger nicht auf »Nebensächlichkeiten« und das Zerreden ein, thematisieren Sie nachhaltig das Alkoholtrinken! Die allermeisten Schwierigkeiten im Leben eines nassen Abhängigen rühren daher, daß seine psychische Belastbarkeit und seine Leistungsfähigkeit durch das ständige Alkoholtrinken stark verringert sind.

Versuchen Sie im Gespräch mit dem Abhängigen, wenn erforderlich, Zusammenhänge zwischen seinem Trinkverhalten und seinen Lebensproblemen aufzuzeigen. In der Praxis zeigt sich oft, daß viele Leiden verschwinden, wenn es ein Abhängiger schafft, sein Leben alkoholfrei zu gestalten.

Auch professionelle Helfer unterliegen diesen Ablenkungsmanövern. Der übermäßige Alkoholkonsum wird als Ergebnis anderer Schwierigkeiten gesehen, nicht als problemerzeugendes Verhalten. Meist wird eine (wie auch immer geartete) Therapie gegen die »zugrundeliegenden« Lebensschwierigkeiten angestrebt, beispielsweise Nervosität, sei es durch Beruhigungs- oder Schlaftabletten, Hormonpflaster, allgemeine (nichtsuchtspezifische) Psychotherapie, Homöopathie, Naturheilverfahren und so weiter. Die angesprochenen Helfer wirken oftmals mit und erstellen für ihre Behandlungsversuche Rechnungen. Das die Gesundheitsstörungen und Lebensprobleme verursachende Alkoholtrinken kann der Abhängige beibehalten und eine spezielle Suchttherapie ablehnen. Machen Sie dem Abhängigen klar, daß dies keine Lösung sein kann.

Machen Sie auf die schädlichen Folgen des Trinkens aufmerksam

Üblicherweise häufen sich im Leben eines Abhängigen die Schwierigkeiten, und er ist nicht mehr in der Lage, wichtige Dinge zu erledigen und Verantwortung zu übernehmen. Dazu gehören zum Beispiel die zuverlässige Erledigung der Aufgaben am Arbeitsplatz, die Organisation des Haushaltes und des Alltagslebens, die Sorge um die Erziehung der Kinder oder die Befolgung der Anordnungen des Arztes zur Wiederherstellung oder Erhaltung der Gesundheit. Je weiter die Alkoholkarriere fortschreitet, desto weitere Kreise zieht sie und engt den Betroffenen in seinem Handlungsspielraum immer weiter ein (siehe »Wenn das Trinken alles überschattet und sich verselbständigt«, Seite 44).

Ist es sinnvoll, einem alkoholabhängigen Familienmitglied in dieser Situation Hilfestellungen zu geben? Dies passiert beispielsweise, indem die Ehefrau ihren Mann umsorgt und pflegt, wenn er infolge des unkontrollierten Alkoholtrinkens krank ist, und ihn wegen »Rückenschmerzen« beim Arbeitgeber entschuldigt. Die Antwort lautet klar: Nein! Wenn Sie aus Mitleid, Liebe, Loyalitäts- oder Pflichtgefühlen, kurzum aus guten Motiven heraus auf diese Weise tätig helfen, tragen Sie Ihren Teil dazu bei, daß es immer weiter geht wie bisher. Aus guten Absichten resultieren nicht unbedingt auch gute Werke. Vielmehr gilt, daß gerade die gutwilligen, aber schlecht informierten Helfer oft mehr Schaden als Nutzen anrichten.

Bilden Sie keineswegs eine Krankheitsgemeinschaft mit dem Abhängigen in dem Sinne, daß das Alkoholtrinken im Zusammenleben zum wichtigsten Thema wird und am Ende die Streitereien Sie zusammenhalten.

Werden Sie weder zum Ko-Alkoholiker noch »abhängig von der Abhängigkeit«. Übernehmen Sie auch nicht alle Verantwortung. Der alkoholabhängige Angehörige wird das dazu nutzen, um so weiterzumachen wie bisher.

Drei gewichtige Gründe sprechen gegen tätiges Mitleid für alkoholkranke Angehörige.

- Erstens können Sie sich dabei leicht übernehmen und brechen nach einiger Zeit erschöpft zusammen.
- Zweitens kann sich unbewußt die Illusion einstellen, daß Sie als Angehöriger am unkontrollierten Trinken und der daraus resultierenden Situation schuld sind. Dies zeigt sich darin, daß Sie nach Fehlern bei sich suchen oder unsinnigerweise versuchen, direkt auf das Verhalten des Alkoholkranken Einfluß zu nehmen.
- Drittens wird durch tätiges Mitleid die Alkoholkrankheit festgeschrieben und die Leidensphase unnötig verlängert. Wichtig

ist, daß bei einer Alkoholkrankheit so schnell wie möglich das zerstörerische Trinken beendet und eine wirksame Behandlung eingeleitet wird.

Erkennen Sie Grenzen, und schützen Sie sich!

Wenn die Situation zu belastend wird, retten Sie Ihre eigene Haut. Zerstören Sie sich nicht selbst im Kampf gegen die Flasche! Viel zu oft werden Angehörige von Alkoholkranken selbst psychisch oder psychosomatisch krank. Wer selbst krank ist, kann einem anderen Kranken nur schlecht oder gar nicht helfen. Achten Sie deshalb verstärkt auf die eigene Gesundheit.

Wenn Sie in einer Familie mit Kindern zusammenleben, denken Sie daran, daß diese Eltern benötigen, die für sie da sind, und nicht Eltern, für die die Flasche das Wichtigste im Leben ist. Oftmals bleibt nur noch die Trennung, wenn Sie beispielsweise vom alkoholkranken Familienmitglied körperlich angegriffen werden und keine Veränderung der Situation zu erwarten ist.

Gerade die Kinder von Abhängigen sind oftmals ganz erheblich von der Sucht betroffen, insbesondere, wenn sich die Alkoholkrankheit eines Elternteils verfestigt hat und weit fortgeschritten ist. Kinder benötigen Zuwendung und zuverlässige Menschen in ihrer Umwelt. Wenn sie die Erfahrung machen, daß ein Familienmitglied öfter betrunken ist und manchmal sogar unberechenbar wird, dann leiden sie erheblich darunter.

Die Tochter eines langjährig Alkoholkranken formulierte es einmal so: »Ich machte als kleines Kind immer wieder die schlimme Erfahrung, daß für einen Elternteil die Flasche wichtiger war als ich. Ich wurde oft vernachlässigt und vergessen.« Wenn das entgleiste Trinken Einfluß auf das Familienleben ausübt, sind Kinder ganz erheblich mitbetroffen. Kinder können sich kaum gegen schädigende Außeneinflüsse wehren; es liegt an Ihnen, für die Kinder zu sorgen.

Dulden Sie auf keinen Fall Gewalt!

Leider kommt es oft zu einer ganz schlimmen Entwicklung in den familiären Beziehungen eines Alkoholikers. Im Rausch steigert sich die Aggressivität eines Abhängigen durch die enthemmende Wirkung des Alkohols so sehr, daß bei Meinungsverschiedenheiten körperliche Gewalt angewendet wird. Dies kann bis zu schweren Körperverletzungen reichen. Zumeist trifft dies dann die Partnerinnen von Alkoholabhängigen, denn Männer sind gewöhnlich körperlich stärker als Frauen. Zudem ist die Mehrzahl der Alkoholkranken männlich. Deshalb werde ich mich auf die weiblichen Opfer konzentrieren.

Abhängige, die Gewalt angewandt haben, verschweigen und bagatellisieren die Ereignisse gern. Sie sprechen, falls überhaupt, von »Möbel geraderücken« oder »Die Hand ist mir ausgerutscht«. Hinter diesen Formulierungen verbergen sich nicht selten ernste Körperverletzungen, manchmal sogar mit Todesfolge.

Sollte Ihnen als Angehörige körperliche Gewalt angetan werden, bedenken Sie bitte: Jeder Mensch hat das Recht darauf, in Würde und frei von Gewalt zu leben. Wehren Sie sich unverzüglich, wenn Sie geschlagen werden! Zögern Sie keinen Augenblick, etwas zu unternehmen!

Was können Sie als Frau tun, wenn Sie geschlagen worden sind? Zunächst einmal ist es wichtig, nichts zu unternehmen, was die Situation weiter zuspitzt. Das heißt, schlagen Sie nicht zurück. Versuchen Sie, den Täter zu beruhigen und den Schaden so gering wie möglich zu halten. Alkoholisierte Menschen können ihr Handeln manchmal kaum oder gar nicht mehr steuern.

Anschließend sollten Sie so schnell wie möglich den Ort der Auseinandersetzung verlassen. Gehen Sie beispielsweise zu einer guten Freundin, zu Verwandten oder Bekannten. Auch die Polizei ist auf Notfälle vorbereitet und kann in der Situation weiterhelfen. Zur Polizei sollten Sie auf jeden Fall gehen, wenn es zu ernsten Verletzungen gekommen ist. Dies ist wichtig, auch wenn es ein sehr schwerer Gang ist.

Bedenken Sie: Sie brauchen sich nicht zu schämen oder sich Vorwürfe zu machen, daß es so weit gekommen ist. Vielen Frauen geht es ähnlich.

Insbesondere die Frauenschutzhäuser sind Anlaufpunkte für Gewaltopfer, und – falls erforderlich – können Sie dort auch einige Zeit wohnen, sogar zusammen mit Ihren Kindern. In Frauenschutzhäusern werden Sie auch Beraterinnen treffen, die sich mit Ihrer Lage gut auskennen, Ihnen gezielt helfen können und auch bei Klagen gegen den Täter wirksam weiterhelfen.

Ich habe einmal mit einer Angehörigen gesprochen, die den Standpunkt vertrat: »Mein Freund hat jahrelang stark getrunken, und ich wußte nicht, was ich machen sollte. Eines Tages hat er sich wieder einmal völlig betrunken. Als es deswegen zum Streit zwischen uns kam, hat er mich heftig ins Gesicht geschlagen. In dem Moment wußte ich, daß es nicht weitergehen konnte. Ich habe sofort die Koffer gepackt und ihn verlassen. Niemand hat das Recht, mich zu schlagen. Wer diese Grenze überschreitet, kann nicht mein Partner sein. Später erfuhr ich, daß sich mein damaliger Freund nach unserer Trennung eine neue Partnerin gesucht und sie dann durch sein Trinken zugrunde gerichtet hat. Ich bin froh, den Absprung rechtzeitig geschafft zu haben. Heute geht es mir viel besser.«

Ich rate allen Gewaltopfern, sich von aggressiven Partnern unverzüglich zu trennen. Lediglich nach einer erfolgreichen Alkoholtherapie – also einer wirklichen Verhaltensänderung – und anschließenden Versöhnung kann meiner Meinung nach ein neuer Versuch des Zusammenlebens in Frage kommen.

Nicht überreden, sondern handeln

Durch gutes Zureden, das schon in der Vergangenheit nichts nutzte, wird keine positive Veränderung erreicht. Appelle an die Willenskraft bewirken bei fortgeschrittener Abhängigkeit nichts. Manche Angehörige reden dem Alkoholkranken immer wieder ohne Erfolg zu, als ob dieser ein kleines Kind wäre. Das ist natürlich unpassend. Verschwenden Sie nicht Ihre Kraft.

Eine direkte Einflußnahme auf das Verhalten eines Alkoholabhängigen in der Trinkphase ist zumeist unmöglich. Das Verstecken von Flaschen, die Suche nach verborgenen Alkoholika oder das Ausgießen von Alkohol bewirkt kaum Positives. Auch ständige Kontrollversuche, zum Beispiel durch Markierungen an Flaschen, sind fast immer aussichtslose Unterfangen. Dies gilt auch für das »Wegtrinken«, den Versuch, die vom Abhängigen konsumierten Alkoholmengen durch Beteiligung am Trinkgelage zu verringern. Solche Versuche der Kontrolle und Einflußnahme wird der Abhängige leicht zum Scheitern bringen oder als Kritik verwenden: »Du trinkst doch selbst.« Das einzige, was hilft, ist die sofortige Kontaktaufnahme mit Hausarzt oder Suchtberatung.

Keine Vorwürfe, leeren Drohungen oder Herabsetzungen!

Wenn sich das übermäßige Alkoholtrinken eines Familienmitgliedes verfestigt, gutgemeinte Ratschläge und Kritik nicht zur Änderung des Trinkverhaltens führen, dann kommen bei den Angehörigen oftmals Ärger- und Wutgefühle auf. Es ist verständlich, wenn die negativen Gefühle auch geäußert werden. Diese negativen Reaktionen werden dann schädlich, wenn sie sich ständig wiederholen und zu keiner positiven Veränderung führen. In einer festgefahrenen Situation hat es keinen Sinn, weiterhin Vorwürfe, Kritik oder gar abqualifizierende Bemerkungen zu äußern. Zudem birgt dieser Prozeß die Gefahr in sich, daß im Laufe der Zeit die negativen Äußerungen immer heftiger werden, da der gewünschte Erfolg ausbleibt.

Allzuoft wird dann eine Lösung des Problems gerade durch heftige Anstrengungen in Form von Vorwürfen, Streitereien und Kritik noch schwerer erreichbar.

Kritik und Vorwürfe schwächen das sowieso schon geringe Selbstwertgefühl und Selbstvertrauen des Abhängigen noch weiter. Da er nur wenig Selbstvertrauen hat und sich häufig als wertlos erlebt, treffen ihn die Vorwürfe und Abqualifikationen im Kern seiner Persönlichkeit. Zusammen mit den riesigen Schuld- und Schamgefühlen wegen seines unkontrollierten Alkoholkonsums sieht er dann oft nur die Lösung des Angriffs. Der Abhängige, der Herabsetzungen erfährt, verschanzt sich noch mehr und greift seinen Kritiker an. Ein Grabenkrieg bahnt sich an, an dessen Ende nichts mehr geht.

Eine andere, nicht weniger unproduktive Reaktion auf die Kritik am Alkoholtrinken ist die Mobilisierung von Trotz bei dem Angesprochenen. Viele Abhängige berichten, daß sie sich »jetzt erst recht« sagten, als die Kritik an ihrem Verhalten zunahm. Das verstärkte Alkoholtrinken führt zu mehr Kritik, was wiederum das Trinken verstärkt und so weiter – ein Teufelskreis.

In dieser Situation ist es ratsam, andere Aspekte in den Mittelpunkt zu stellen, beispielsweise die Sorge um den Alkoholabhängigen. Sagen Sie ihm, daß Sie sich um seine Gesundheit Sorgen machen (siehe »Die Sorge um den Abhängigen ausdrücken«, Seite 113).

Sprechen Sie offen über Gefühle

Können Sie als Angehörige überhaupt noch offen und ehrlich Ihre Gefühle erkennen und frei darüber sprechen? Denken Sie einmal darüber nach. Meistens ist dies im Verlauf der Suchtkarriere immer weniger möglich geworden. Die Betroffenen und ihre Angehörigen müssen ihre wahren Gefühle unterdrücken, immer weniger werden weitergehende Bedürfnisse und Wünsche geäußert. Dies gehört zu den üblichen Begleiterscheinungen der Suchtkrankheit eines Angehörigen und führt zu vielerlei Leid. Wenn beispielsweise Ärger und Wut ständig »heruntergeschluckt« werden, kann sich dies nach einiger Zeit in Form von Magengeschwüren oder Kopfschmerzen äußern.

Wenn Sie sich als Angehöriger in dieser Beschreibung wiedererkennen, dann können Sie einen ersten Schritt unternehmen, indem Sie klare Ich-Botschaften senden (siehe »Ich-Botschaften und Du-Botschaften«, Seite 108). Die klare Wahrnehmung der eigenen Bedürfnisse und Gefühle ist ein erster Schritt, um schwierige Situationen besser zu meistern und die eigene Situation zu verbessern.

Eine Kommunikationsstrategie für Angehörige

Als Angehöriger sollten Sie zunächst eine Bestandsaufnahme Ihrer Situation vornehmen. Wie sind Sie mit der Abhängigkeit bisher umgegangen, und was wollen Sie in Zukunft tun? Beachten Sie bisher vernachlässigte Punkte, sprechen Sie diese Punkte an und denken dann erneut über mögliche Handlungsweisen nach. Dabei wird die zentrale Aussage sein: Denken Sie mehr an sich, und sprechen Sie mehr von sich! Sie können das anhand des folgenden Kapitels einüben.

Im ersten Schritt möchte ich Ihnen anbieten, Ihre Situation einmal genau zu beschreiben. Sie können sich dabei von der Frage leiten lassen: Welches Problem habe ich eigentlich?

Übung A: Das Alkoholproblem aus Ihrer Sicht

Sie sollten die folgenden Fragen insbesondere dann durcharbeiten, wenn Sie mit Ihrem Angehörigen in puncto Alkoholtrinken oder im Hinblick auf notwendige Veränderungen keinen gemeinsamen Standpunkt finden. Das Kapitel ist so aufgebaut, daß Sie die Antworten auf die Fragen direkt mit einem Kugelschreiber oder Bleistift eintragen können.

Versuchen Sie bitte, eine systematische Bestandsaufnahme der Situation vorzunehmen. Arbeiten Sie zunächst die Fragen durch, und tragen Sie dann Ihre Antworten ein.

Frage 1:
Als erstes unterscheiden Sie zwischen akzeptablen und nichtakzeptablen Verhaltensweisen. Ordnen Sie das Alkoholtrinken Ihres Angehörigen durch ein Kreuz im entsprechenden Bereich ein. Je stärker es nach außen tendiert, desto stärker bejahen Sie die Antwort.

Das Alkoholtrinken meines Partners gehört meiner Meinung nach zu den:

akzeptablen Verhaltensweisen	nichtakzeptablen Verhaltensweisen

<—————————— 0 ——————————>

Frage 2:
Wie bewerten Sie das Alkoholtrinken Ihres Angehörigen?

ganz niedrig	unter-durch schnittlich	mittel	über-durch-schnittlich	sehr hoch

0 ————————————————————>

Frage 3:
Das Alkoholtrinken meines Angehörigen ist meiner Meinung nach

❒ süchtiges Trinken

❒ nichtsüchtiges Trinken

Frage 4:
Falls Sie das Alkoholtrinken für süchtig halten:

Mein Angehöriger benötigt zur Lösung des Alkoholproblems

❒ Hilfe durch eine Abstinenzgruppe oder Therapie

❒ keines der Hilfsangebote, er kann es allein schaffen

❒ keine Änderung und Hilfe, er kann so weitermachen

Übung B:
Das Alkoholproblem aus der Sicht des Angehörigen

Versuchen Sie bei den folgenden vier Fragen, sich in die Position Ihres alkoholtrinkenden Angehörigen hineinzuversetzen. Tragen Sie als Antworten ein, wie er selbst die Situation beurteilt, so wie Sie es aus früheren Gesprächen kennen.

Arbeiten Sie bitte den Fragebogen allein durch, und tragen Sie die Antworten selbst im Fragebogen ein.

Frage 1:
Wie bewertet er selbst sein Alkoholtrinken Ihrer Meinung nach? Das Alkoholtrinken gehört seiner Meinung nach zu den

akzeptablen Verhaltensweisen	nichtakzeptablen Verhaltensweisen

<———————————— 0 ————————————>

Frage 2:
Schätzen Sie ein, wie der Angehörige selbst sein Alkoholtrinken bewertet.

ganz niedrig	unter-durch schnittlich	mittel	über-durch-schnittlich	sehr hoch

0 ————————————————————————>

Frage 3:
Hält mein Angehöriger sein Alkoholtrinken für süchtig? Das Alkoholtrinken ist seiner Meinung nach

❑ süchtiges Trinken

❑ nichtsüchtiges Trinken

Frage 4:
Falls er das Alkoholtrinken für süchtig hält: Mein Angehöriger ist der Meinung, daß er zur Lösung des Alkoholproblems seiner Meinung nach folgendes benötigt:

- ❒ Hilfe durch eine Abstinenzgruppe oder Therapie
- ❒ keines der Hilfsangebote, er kann es allein schaffen
- ❒ keine Änderung und Hilfe, er kann so weitermachen

Auswertung der Antworten

Zu welcher Schlußfolgerung gelangen Sie, wenn Sie sich Ihre Antworten auf die Fragen vergegenwärtigen? Schauen Sie sich die Antworten noch einmal genau an.

Wenn Sie im Hinblick auf die Einschätzung und Bewertung des Alkoholtrinkens überwiegend oder völlig übereinstimmen, dann stellt sich die Frage, wie das Ihnen bekannte Problem zu lösen ist. Lesen Sie dazu das Kapitel »Die Therapie des Alkoholismus«, Seite 70.

Nach meinen Erfahrungen wird sich dagegen häufig zeigen, daß es ganz unterschiedliche Sichtweisen von Betroffenen und Angehörigen gibt. Oftmals sieht der Angehörige das Trinken als süchtig an, während der Betroffene es als nichtsüchtig oder gar als normal empfindet.

Ebenfalls häufig ist das Ergebnis, daß Angehörige der Meinung sind, der Betroffene sollte Hilfe annehmen beziehungsweise eine Therapie wäre sinnvoll. Der Alkoholkranke selbst sieht keine Notwendigkeit, sich helfen zu lassen, und meint, daß er es allein schafft.

Diese beiden unterschiedlichen Sichtweisen sind in der Regel der Ausgangspunkt von Meinungsverschiedenheiten zwischen Angehörigen und Betroffenen. Lassen Sie uns noch einmal die Gründe für dieses Auseinanderklaffen der Sichtweisen anschauen. Für einen Abhängigen ist das Leben mit Alkohol regulär, er benötigt den Alkohol, um sein psychisches Gleichgewicht zu erhalten. Sehr oft ist bei ihm zudem eine große Angst vor dem Leben ohne Alkohol im Spiel. Manchmal kann er sich ein Leben ohne Alkohol einfach nicht vorstellen, da er den größten Teil seines Lebens mit dieser Droge zugebracht hat. Diese Faktoren führen dazu, daß der Suchtkranke seine Situation ausgesprochen unrealistisch wahrnimmt und bewertet.

Am Ende ergibt sich die folgende Situation: Der Abhängige wird sein Verhalten nicht ändern, auch wenn Sie es als unbedingt erforderlich erachten.

Falls dies auf Ihre Situation zutrifft, können Sie an dieser Stelle einen wichtigen Entschluß fassen. Sie richten Ihr Augenmerk nicht mehr ausschließlich auf das Alkoholtrinken des Angehörigen, sondern viel mehr auf sich selbst, daß heißt auf Ihre Bedürfnisse, Gefühle und Ihr Verhalten.

Übung C:
Welches Problem habe ich?

Sie wissen jetzt, wie die unterschiedlichen Sichtweisen zustande gekommen sind. Versuchen Sie im folgenden Schritt noch einmal genau zu klären, welches Problem *Sie* eigentlich haben.

Frage 1:
Welches Problem habe ich? (Beziehen Sie sich ausschließlich auf Ihr Verhalten, Ihre Bedürfnisse oder Gefühle.)

____

____

____

____

____

____

____

____

Frage 2:
Versuchen Sie, sich in die Lage Ihres Angehörigen hineinzuversetzen. Welches Problem besitzt er seiner eigenen Meinung nach? Was erachtet er selbst als heikel?

____

____

____

____

____

____

Warum ist die Unterscheidung zwischen Ihrem Problem und dem des anderen so wichtig? Oftmals machte ich als Suchtberater die Erfahrung, daß die Angehörigen nicht so sehr unter dem Alkoholtrinken selbst leiden als vielmehr unter den Folgen des unkontrollierten Trinkens. Dies kann beispielsweise die häufige Betrunkenheit des Angehörigen sein oder seine alkoholbedingten Persönlichkeitsveränderungen. Zweitens können die Angehörigen oft das Verhalten des nassen Alkoholikers nicht verstehen, was sich beispielsweise in der typischen Frage ausdrückt: »Warum macht er das nur, obwohl es deswegen so viel Streit und Konflikte gibt?«

Für den Alkoholabhängigen stehen die positiven Alkoholfolgen im Mittelpunkt, er fühlt sich besser, wenn er trinkt, beziehungsweise er hat sich an das Leben mit dem Alkohol so sehr gewöhnt, daß er ohne den »Stoff« nicht mehr auskommt. Folglich will er das Trinkverhalten nicht ändern. Die negativen Konsequenzen, wie Ärger am Arbeitsplatz und in der Familie, sind für ihn nicht so wichtig. Möglicherweise nimmt er sie gar nicht wahr, oder er will sie gar nicht wahrnehmen und verdrängt sie. Vielleicht ist er sich der Dinge bewußt, sieht sie aber nicht als durch Alkohol verursachte Schwierigkeiten an. Folglich wird der Abhängige sein Trinkverhalten nicht ändern. Für ihn ist etwas ganz anderes vorrangig: der Alkohol.

Bei der Übung kann Ihnen klar werden, daß Sie in der Beziehung zu kurz kommen, beispielsweise daß Ihr Bedürfnis nach einem befriedigenden Familienleben nicht erfüllt wird.

Ich-Botschaften und Du-Botschaften

Immer wieder fällt mir bei den Gesprächen mit den Angehörigen alkoholkranker Patienten auf, daß diese kaum von sich sprechen und statt dessen den Blick fast ausschließlich auf das Alkoholtrinken des Angehörigen beziehungsweise sein Verhalten richten. Im direkten Gespräch mit dem Betroffenen finden sich Formulierungen wie »Du mußt einsehen ...« oder »Du sollst ...!« Dabei geht es fast immer um Kritik, Vorwürfe oder Forderungen nach Änderungen seines Verhaltens. Da der Betroffene die Situation aber ganz anders sieht als der Sprecher – das wurde ja im vorhergehenden Kapitel gezeigt –, ändert der Angesprochene sein Verhalten nicht. Letztendlich führt diese Art von Gesprächen nicht zur Klärung. Oft fährt sich die Situation fest, ständig wiederholen sich fruchtlose Gespräche und Streitigkeiten.

In der Kommunikationspsychologie wird zwischen unterschiedlichen Grundtypen von Botschaften unterschieden. Für die Kommunikation mit Abhängigen sind zwei Typen wichtig: erstens die herabsetzenden Du-Botschaften und zweitens die Ich-Botschaften.

Herabsetzende Du-Botschaften sind beispielsweise »Du hast ja schon wieder eine Fahne«, »Du bist ja schon wieder besoffen« oder »Du ruinierst uns noch mit deinem Trinken«. In diesen Aussagen kritisiert der Sprecher den anderen. Im Mittelpunkt steht eine vorwurfsvolle Aussage über den Betroffenen beziehungsweise über sein Verhalten. Im Kern der Aussage stehen Verhaltensweisen oder Einstellungen des Gesprächspartners. Meistens ist die Aussage herabsetzend, daher der Name »herabsetzende Du-Botschaften«. Diese Botschaften haben bei Abhängigen eine besondere Wirkung. Der Betroffene fühlt sich angegriffen und verschanzt sich, er kann die Kritik nicht annehmen und erst recht nicht sein Verhalten ändern. Ein Leben ohne Alkohol ist für ihn nicht vorstellbar, und sein Selbstwertgefühl ist oftmals so stark verringert, daß jede weitere Kritik abgeblockt wird. Fazit: Diese Art von Botschaft verfestigt die Situation, anstatt Veränderungen anzubahnen.

Der zweite Typ sind die »Ich-Botschaften«. Bei diesen Botschaften redet der Sprecher von sich, am besten über seine gefühlsmäßigen Reaktionen. Diese Art von Botschaften macht es dem einen Gesprächspartner viel leichter, dem anderen bei Meinungsverschiedenheiten zuzuhören und auf ihn einzugehen. Und sie ersparen unangenehme Gefühle, da sie keine Kritik beinhalten, die letztendlich nichts bewirkt.

Übung D:
Ich-Botschaften senden

Wenn Sie die Erfahrung gemacht haben, daß Ihre Gespräche nicht weiterführen und Sie es in Zukunft besser machen wollen, dann ist es an der Zeit, anders vorzugehen. Sie können dazu Ihr Kommunikationsverhalten ändern. Sprechen Sie nicht so oft über Ihren Angehörigen oder von Ihrem Angehörigen, im Sinne von »Wie kann ich ihn dazu bringen, daß ...?«. Statt dessen sprechen Sie von sich, und formulieren Sie Ich-Botschaften! Verwenden Sie am besten Aussagen, die unmittelbar auf Ihre Gefühle oder Bedürfnisse abzielen. Vermeiden Sie in Ihren Sätzen die Wörter »du«, »dich« oder »wir«. Formulieren Sie nicht »Du mußt das und das ändern« oder »Schon wieder hast du ...« Im Mittelpunkt der Aussagen braucht auch nicht das Alkoholtrinken zu stehen, wie zum Beispiel: »Dein Alkoholtrinken bringt uns noch ...« Bedenken Sie, das hat ja bisher nicht weitergeführt.

Sprechen Sie von sich, und versuchen Sie, möglichst präzise zu sein: »Ich habe Angst, wenn ich bei Streit angeschrien werde« oder »Ich bin traurig, weil mein Leben so freudlos geworden ist«. Sie können auch sagen, was Sie stört, wie zum Beispiel: »Mich stört, daß ich mich ganz allein um den Haushalt und um die Erziehung der Kinder kümmern muß« oder »Ich fühle mich überarbeitet, da ich für alles Verantwortung tragen muß«. Noch besser sind die Formulierungen »Meine Gefühle werden in der Hinsicht verletzt, daß ...« oder »Meine Bedürfnisse nach ... bleiben unbefriedigt«.

Versuchen Sie einmal selbst, eine Bestandsaufnahme Ihrer Situation in Ich-Formulierungen aufzustellen. Sie können dazu die folgenden Fragen beantworten:

Frage 1:
Welche Gefühle werden bei mir verletzt?

Frage 2:
Welche meiner Bedürfnisse werden nicht befriedigt?

Frage 3:
Inwieweit komme ich in der Beziehung zu kurz?

Merken Sie, wie sich dabei Ihre Sichtweise ändert? Versuchen Sie abschließend, die zwei wichtigsten Ich-Botschaften zu formulieren, die Sie Ihrem alkoholkranken Partner mitteilen möchten:

Erste Ich-Botschaft:

Zweite Ich-Botschaft:

Die Vorteile der Ich-Botschaften

Ich-Botschaften haben mehrere Vorteile. Erstens gewinnt der Sprecher mehr Klarheit über seine eigene Situation, insbesondere über seine Gefühle. Zweitens braucht sich der Angesprochene nicht kritisiert, angegriffen oder herabgesetzt zu fühlen.

Oft wird der Angesprochene zudem ebenfalls mit Ich-Botschaften antworten. Das hat den Vorteil, daß Sie wertvolle Informationen über seine Sichtweise und Gefühle erhalten. Akzeptieren Sie auch an dieser Stelle die Gefühle Ihres Gesprächspartners.

Gefühle sind nicht richtig oder falsch. Sie sind einfach da, es sind Tatsachen. Das heißt natürlich nicht, daß Sie das Verhalten des Gesprächspartners gutheißen und Sie damit einverstanden sind, daß es weitergeht wie bisher. Sie achten lediglich mehr auf das, was der Gesprächspartner antwortet.

Weil »Du-Botschaften« oft ein fruchtbares Gespräch erschweren, nennen Psychologen sie auch »Kommunikationssperren«. Ich-Botschaften hingegen eröffnen einen Dialog, sie sind kommunikationsförderlich.

Wenn Sie Ich-Botschaften verwenden und sich auf Ihre Bedürfnisse und Gefühle konzentrieren, dann werden Sie Ihren Wunsch nach Veränderungen in Ihrem Leben bemerken und bereit sein, wirksame Schritte zu unternehmen, die Ihre Lage verbessern.

Ein Hauptproblem in der Kommunikation zwischen Alkoholkranken und ihren Angehörigen ist, daß zu oft »Du-Botschaften« verwendet werden. Sie konnten im vorhergehenden Kapitel lernen, wie Sie besser kommunizieren können. Es ist erfahrungsgemäß ein kräftiger Anstoß notwendig, um einen Abhängigen zu Verhaltensänderungen zu bewegen. Wenn Sie eine Veränderung wünschen und der Alkoholabhängige nicht, können Sie am besten bei sich selbst beginnen. Das heißt, Sie selbst überdenken Ihre Situation, registrieren genau Ihre Gefühle und ändern Ihr Verhalten. (Natürlich ohne den eigentlich Betroffenen aus den Augen zu verlieren!)

Sicherlich ist es unmöglich, im Alltag und im Gespräch mit einem Alkoholkranken ausschließlich in Ich-Botschaften zu kommunizieren. Sie sind jedoch insbesondere bei Meinungsverschiedenheiten höchst hilfreich.

Die Sorge um den Abhängigen ausdrücken

Grundsätzlich gilt, daß es viel besser ist, wenn Sie nicht auf der Basis negativer Gefühle (ständige Kritik und Vorwürfe) kommunizieren und argumentieren, sondern den Aspekt der Sorge um den Abhängigen in den Vordergrund stellen. Sagen Sie ihm beispielsweise, daß Sie sich Sorgen machen, weil er sich gesundheitlich ruiniert, er am Arbeitsplatz immer unbeliebter wird oder weil in Ihrem Zusammenleben bald die Nachteile überwiegen werden.

Der Vorteil dieses Vorgehens ist, daß der Angesprochene Ihre Äußerungen viel besser annehmen kann. Er ist erfahrungsgemäß viel eher bereit, auf Ihre Sorgen einzugehen, als Kritik anzunehmen. Ergänzend dazu sind zwei weitere Schritte hilfreich, erstens den Kontakt zur Realität herzustellen, und zweitens das Setzen von Grenzen. (Siehe folgendes Kapitel.)

Konkrete Problemlösungsstrategien

Welche Prinzipien, Strategien und Schritte sind im Zusammenleben mit einem alkoholkranken Familienangehörigen oder Mitmenschen wichtig? Wann muß ich sie einsetzen? Mit diesen Fragen beschäftigt sich das folgende Kapitel.

Um mit dem richtigen Zeitpunkt einer konkreten Problemlösungshandlung zu beginnen: Lassen Sie die Lage sich erst beruhigen, und warten Sie eine relativ entspannte Situation ab. Dann können Sie die Problemlösungsstrategien einsetzen. Versuchen Sie nicht, die Strategien in einer Streitsituation einzusetzen. Je entspannter die Gesprächssituation, desto besser. Im Streit spitzt sich die Lage erfahrungsgemäß noch zu, wenn wirksame Botschaften gesendet werden. Sollte es Ihnen nicht möglich sein, eine ruhige Stunde abzuwarten, können Sie »Hilfe durch Nichthilfe« praktizieren oder sich an eine Beratungsstelle wenden.

Im Spiegel der Wirklichkeit

Ein Hauptmerkmal der fortgeschrittenen Alkoholkrankheit ist, daß der Betroffene die Realität verzerrt wahrnimmt. Insbesondere seinen süchtigen Alkoholkonsum bagatellisiert er oder verleugnet ihn ganz. Wie können Angehörige dem entgegenwirken und den Kranken auf den Boden der Realität zurückführen?

Das ist erheblich schwieriger, als man im ersten Augenblick meint, da der Angesprochene auf das Thema »unkontrolliertes Trinken« oft abwehrend oder gar mit einem Angriff reagiert. Daher darf man das heikle Thema nur sehr überlegt und behutsam angehen, am besten aus dem Gefühl der Besorgtheit heraus.

Sprechen Sie also besorgniserregende Ereignisse an und betonen dabei immer den Zusammenhang mit dem Alkoholtrinken. Dies können der Verlust der Fahrerlaubnis sein, alkoholbedingte

Schwierigkeiten am Arbeitsplatz oder übermäßiges Alkoholtrinken auf einer Party.

Das Gespräch kann beispielsweise folgendermaßen eingeleitet werden:

»Am Montag morgen hast du mich wieder einmal gebeten, beim Arbeitgeber anzurufen. Das hat mich sehr erschreckt und macht mir angst. Du warst nicht in der Lage, selbst zu telefonieren. Ich sollte dich wegen Kopfschmerzen krankmelden. Tatsächlich hattest du am Abend zuvor so viel Alkohol getrunken, daß du morgens noch nicht nüchtern warst. Das macht mich sehr betroffen, denn du hast von mir verlangt, daß ich den Arbeitgeber anlüge. Tatsächlich war dein unkontrolliertes Trinken am Wochenende der Grund für die Arbeitsunfähigkeit. Ich befürchte, daß dein Arbeitgeber bald die Geduld verlieren und dich wegen häufigen Fehlens entlassen wird.«

In diesem Beispiel geht der Sprecher folgendermaßen vor:

1. Er spricht von sich (»Das hat mich sehr erschreckt und macht mir angst«).
2. Er zeigt ein konkretes Problem (Arbeitsunfähigkeit).
3. Er äußert, daß die Bitte den Arbeitgeber anzulügen, nicht akzeptabel ist.
4. Er benennt den zugrundeliegenden übermäßigen Alkoholkonsum und
5. die möglichen Folgen für die Zukunft, verpackt in eine gefühlsbezogene Ich-Botschaft (»Ich befürchte, daß dein Arbeitgeber bald die Geduld verlieren und dich wegen häufigen Fehlens entlassen wird«).

Diese Botschaft wirkt fast wie ein Hilfsappell, der Sprecher spricht von seinen Befürchtungen und seiner Sorge um die Zukunft. Der Angesprochene kann auf die Inhalte eingehen, ohne sich gleich angegriffen zu fühlen.

Das Gesprächsziel besteht darin, daß der Abhängige sich in den Beschreibungen des Gesprächspartners wiedererkennt und so den Kontakt zur Realität wiedergewinnt. Am besten geht dies, wenn sich an einem derartigen Gespräch mehrere Personen beteiligen. Beispielsweise könnten sich alle Familienangehörige in einer Suchtberatungsstelle zu einer Gesprächsrunde einfinden, in der es um die anstehenden Konflikte geht. Jeder der Beteiligten spricht die ihn belastenden Dinge und Sorgen an. Der Zusammenhang mit dem Alkohol wird immer wieder hergestellt.

Dabei achten die Gesprächspartner darauf, daß der Angesprochene nicht überfordert wird. Falls sich abzeichnet, daß der Abhängige sich in die Verteidigungshaltung zurückzieht oder auf das Gesprächsthema gar nicht eingehen kann, empfiehlt sich Zurückhaltung. Denken Sie auch daran, sich im Gespräch nicht durch Nebensächliches und Vorgeschobenes ablenken zu lassen.

Wenn ein aus Sorge um das Wohlergehen des Abhängigen geführtes Gespräch gut funktioniert, hat der Angesprochene die Möglichkeit, über die Botschaften der anderen nachzudenken und zu überprüfen, inwieweit er sich in den Schilderungen wiederfinden kann. Ich habe als Gesprächsteilnehmer oft die Erfahrung machen können, daß ein gut geplantes und richtig durchgeführtes Gespräch zum Erfolg führte. Viele Abhängige konnten erstmals ihr Alkoholtrinken am Ende des Gesprächs als problematisch akzeptieren und waren zu Veränderungen bereit.

Machen Sie einen Vertrag

Am Ende einer Aussprache steht im Idealfall eine konkrete Vereinbarung. Am Schluß des ersten Gespräches kann beispielsweise ein zweiter, für alle verbindlicher Gesprächstermin festgelegt werden. Wenn der Angesprochene schon mehrmals auf sein süchtiges Trinken angesprochen wurde, ist die Festlegung einer konkreten Problemlösung unverzichtbar. Dabei sollten die einzelnen Schritte genau und unmißverständlich vereinbart werden.

Beispielsweise habe ich am Ende einer Familienaussprache in der Beratungsstelle nachfolgenden Vertrag formuliert und unterschreiben lassen. Von den drei Exemplaren bekam der Unterzeichner eines, das zweite erhielt die Ehefrau, und das dritte blieb in der Beratungsstelle.

Vertrag zwischen

(Name und Adresse der Beratungsstelle)

und

(Name des Alkoholkranken)

Ich (Name des Alkoholkranken) erkenne an, daß mein Alkoholtrinken ernste Probleme für die Menschen in meiner Umgebung verursacht hat. In Zukunft möchte ich alkoholbedingte Schädigungen sicher ausschließen und werde deshalb vom heutigen Tag an ganz ohne Alkohol leben.

Sollte ich das nicht schaffen und in Zukunft wieder Alkohol zu mir nehmen, sei es auch nur ein Glas, werde ich mich innerhalb einer Woche in Behandlung begeben und die Hilfe des Suchtberaters annehmen. Ich werde in dem Fall auch baldmöglichst an einer Langzeitentwöhnung im Fachkrankenhaus teilnehmen.

______________________	______________________
(Datum/Unterschrift des Alkoholkranken)	*(Datum/Stempel/Unterschrift des Suchtberaters)*

Sollte es in der Folgezeit zu einem Trinkrückfall kommen, können die Angehörigen den Vertrag auf den Tisch legen und auf seiner Umsetzung bestehen. Das mag sich im ersten Moment hart anhören, und es scheint, daß wenig Verständnis für den Abhängigen aufgebracht wird.

Die Praxis zeigt, daß es »nassen« Abhängigen viel leichter fällt, sich an schriftliche Vereinbarungen zu erinnern und zu halten als an Festlegungen, die in Gesprächen getroffen wurden.

Ich habe es selbst erlebt, daß ein rückfällig gewordener Alkoholkranker überrascht und fast ungläubig auf den Vertrag schaute, den er sechs Wochen zuvor unterschrieben hatte. Ich las den Text geduldig mehrmals in freundlichem Ton vor. Dann akzeptierte er die Vereinbarungen und willigte in eine Therapie ein, etwas, das er einige Minuten zuvor noch als übertrieben und unnötig zurückgewiesen hatte. Dies war sein erster Schritt in ein neues, besseres Leben.

Setzen Sie Grenzen

Für Angehörige hat das Verharmlosen und Verleugnen der Krankheit seitens der Abhängigen allzuoft zur Folge, daß sie sich im Zusammenleben und bei den Gesprächen sowie Streitereien über das Thema Alkohol verausgaben. Wiederholte Versuche, etwas zu erreichen, scheitern immer wieder an der Starrheit des Alkoholkranken. Das Ergebnis ist, daß diese Angehörigen sich hilflos fühlen, verzweifeln oder zusammenbrechen. Nicht selten erkranken sie selbst, oft an psychosomatischen Krankheiten. In dieser Situation ist es unverzichtbar, sich nicht zu sehr zu verausgaben und Grenzen zu setzen. Der wichtigste Tip für das Zusammenleben mit alkoholkranken Menschen ist folgender:

Stecken Sie gegenüber dem Abhängigen klare Grenzen ab, legen Sie fest, was Sie akzeptieren und was nicht. Teilen Sie das Ihrem alkoholkranken Angehörigen deutlich und unmißverständlich mit. Falls diese Grenzen überschritten werden, zögern Sie keinen Moment, die angekündigten Konsequenzen zu ziehen.

Ich möchte dies am Beispiel von Alkoholabhängigen mit Familie im weitfortgeschrittenen Stadium verdeutlichen. Der Abhängige ist aus eigener Kraft nicht zu Veränderungen in der Lage, weigert sich aber, Hilfsangebote anzunehmen und mit einer Behandlung zu beginnen.

- Setzen Sie in diesem Fall eine Frist von zwei Wochen, um Kontakt mit einem Suchtberater aufzunehmen und um einen verbindlichen Behandlungsplan festzulegen. Für den Fall, daß eine Behandlung verweigert wird, kündigen Sie die Trennung an.
- Kündigen Sie nicht allgemeine Konsequenzen an, beispielsweise »...dann werde ich etwas unternehmen«, »...dann werde ich es nicht länger dulden« oder »...dann werde ich mich scheiden lassen«, sondern ganz konkrete Schritte. Nen-

nen Sie eine Maßnahme, die Sie ergreifen werden, beim Namen: »... dann werde ich mir einen kurzfristigen Termin beim Anwalt Müller geben lassen, den Termin wahrnehmen und das Scheidungsverfahren einleiten.«

Klare Verhaltensschritte beeindrucken ungleich mehr als allgemeine Ankündigungen. Oft habe ich mit abstinenten Alkoholikern gesprochen, die berichteten, daß ihr Ausstieg aus der Alkoholkarriere in dem Moment erfolgte, als der Brief des Scheidungsanwaltes ihrer Frau sie von der Notwendigkeit einer Verhaltensänderung überzeugt habe. Sie merkten deutlich, daß die Gefahr bestand, sehr viel zu verlieren.

Auch dieser Vorschlag mag sich im ersten Moment vielleicht hart oder herzlos anhören. Bedenken Sie dabei bitte folgendes: Tätiges Mitleid oder Hilfe für Alkoholiker in der Trinkphase ist deshalb fehl am Platz, weil dadurch das Trinken zumeist nicht beendet wird. Vielmehr führt Mitleid oft dazu, daß das süchtige Alkoholtrinken und damit die psychische und körperliche Selbstzerstörung des Abhängigen weitergeht. Ich halte es für unverzichtbar, diesen Selbstzerstörungsprozeß zu stoppen.

»Grenzen setzen« heißt vor allem, daß Sie die Dinge tun, die sich gut auf Sie selbst auswirken. Unterlassen Sie alles, was schädlich für Sie ist, beispielsweise unfruchtbare Streitgespräche.

Das Setzen von Grenzen ist ein sehr wirksamer Schritt. Sollten Sie diesen Schritt zwar für richtig erachten, sich dazu aber nicht in der Lage sehen, dann können Sie noch auf eine andere Strategie zurückgreifen. Sie können sich sehr wirksam abgrenzen, indem Sie Hilfe durch Nichthilfe (siehe Seite 122) praktizieren und Ihre Kraft darauf richten, etwas Gutes für sich selbst zu unternehmen.

Die Annahme der Krankheit

Zu einem früheren oder späteren Zeitpunkt kommt der Betroffene nicht um das Eingeständnis herum, daß es so nicht weitergeht und er die notwendige Änderung nicht allein schafft. Er ist bereit, sich zu ändern und dabei Hilfe anzunehmen. Das fällt vielen Suchtkranken sehr schwer, sie brauchen dazu eine längere Zeit.

Noch schwerer fällt erfahrungsgemäß der nächste Schritt, nämlich das Eingeständnis, von Alkohol abhängig zu sein. Ich nenne das »die Annahme der Krankheit«, Suchtkrankenhelfer sprechen vom »Anerkennen des Alkoholiker-Status«. Dies ist der eigentliche Ausgangspunkt für eine tiefgehende Veränderung im Leben eines Alkoholikers und ein Schritt, den letztendlich nur der Betroffene selbst tun kann.

Viele Abhängige können ihre Krankheit erst sehr spät annehmen. Erst im Verlauf einer längeren Therapie wird dies bewußt oder nach einiger Zeit der Nüchternheit. Ich vertrete daher die Auffassung, daß die Annahme der Alkoholkrankheit nicht zu früh von einem Abhängigen verlangt werden sollte. Damit wird er zu leicht überfordert.

Lassen Sie einem alkoholkranken Menschen ausreichend Zeit für die Annahme seiner Krankheit. Sie können von einem alkoholkranken Partner natürlich Veränderungen verlangen, wenn sein Alkoholtrinken nicht mehr akzeptabel ist. Die Veränderungen sollten jedoch nicht voreilig an die vollständige Annahme der Alkoholkrankheit geknüpft sein. Der Satz »Ich bin Alkoholiker« fällt den meisten Alkoholkranken unendlich schwer. Anfänglich ist es nach meinen Erfahrungen geschickter, von einem »Alkoholproblem« oder »problematischem Alkoholkonsum« zu sprechen.

Vor allem durch vorteilhafte Zukunftsziele werden Menschen zu Veränderungen motiviert. Zeigen Sie deshalb die Vorteile des Lebens ohne Alkohol auf.

Die Vorteile der Abstinenz

Menschen tun bekanntlich gern die Dinge, die angenehme Konsequenzen haben. Alkohol wird getrunken, weil er unter anderem eine entspannende Wirkung hat. Wie verhält es sich im umgekehrten Fall, also wenn Menschen lernen, ganz ohne Alkohol zu leben?

In den allermeisten Fällen bringt die Alkoholabstinenz zunächst einmal etwas Unangenehmes mit sich, nämlich den Verlust des

Stoffes, der bisher angenehme Gefühlszustände ermöglichte und Unangenehmes vergessen half. Langfristig jedoch stellt die Abstinenz einen Gewinn dar, wenn der gesundheitliche Zustand sich deutlich verbessert und der Betroffene lernt, sich ohne Alkohol wohl zu fühlen. Dies wird dem Betroffenen selbst zumeist erst nach einer längeren Zeit der Alkoholabstinenz klar. Zu lange hatte der Alkohol eine herausragende Stellung im Leben.

Die meisten Betroffenen in der »Naßphase« können sich das Leben ohne Alkohol, zumindest aber mehrmonatige Alkoholabstinenz nicht vorstellen. Die Betroffenen wissen auch nicht, ob sie die längerdauernde Nüchternheit überhaupt aushalten können, zumal sie bisher dazu nicht in der Lage waren.

»Nasse« Alkoholiker geben oft als Ziel an, daß sie »vom Alkohol loskommen wollen« oder »ganz davon weg wollen«. Es reicht jedoch nicht aus, wenn die Vermeidung des Alkohols im Mittelpunkt steht. Eine Vermeidung allein ist nicht motivierend genug, wenn nicht gleichzeitig ausreichend große Vorteile im Verzicht gesehen werden.

In dieser Situation helfen positive (vorteilhafte) Zukunftsperspektiven weiter. Fragen Sie als Angehöriger, ob sich der Betroffene etwas für die Zukunft erhofft oder erwünscht. Es sollten Ziele sein, die durch Alkoholverzicht wirklich erreichbar werden. Dies kann beispielsweise die Wiederherstellung einer gut funktionierenden Partnerschaft, ein Arbeitsplatz oder auch der Wiedererwerb der Fahrerlaubnis sein. Bitten Sie Ihren Angehörigen, ausführlich über diese Zukunftswünsche zu sprechen, lassen Sie ihn die angenehmen Dinge detailliert schildern. Vielleicht kann er sich die Situation in seiner Phantasie auch bildlich ausmalen. Hören Sie erst einmal gut zu, und signalisieren Sie Interesse. Nach einiger Gesprächszeit können Sie den Zusammenhang mit der Alkoholabstinenz herausstellen. So können Sie den Abhängigen attraktive Zukunftsziele ausmalen lassen, die motivierend wirken.

Wenn klar ist, daß die Abstinenz für den Betroffenen vorteilhaft ist, kann der zweite Schritt unternommen werden. Er vermittelt Vertrauen und Zuversicht, das angestrebte Ziel auch erreichen zu können. Es reicht nicht aus, daß der Betroffene von den Vorteilen der alkoholabstinenten Lebensweise überzeugt ist, wenn er nicht an die Erreichbarkeit glaubt. Als Angehörige können Sie ihm Mut zusprechen und ihn ermuntern. Stärken Sie seine Überzeugung, daß eine Behandlung Erfolg haben wird. Sprechen Sie beispielsweise Situationen und Herausforderungen aus der Vergangenheit an, die der Abhängige gemeistert hat. Sie können auch einen »trockenen« Alkoholiker aus einer Selbsthilfegruppe bitten, in einem gemeinsamen Gespräch seinen Genesungsprozeß darzustellen. Sichern Sie Ihre Unterstützung beim Behandlungs- und Genesungsprozeß zu.

Sollte es gelingen, ein offenes Gespräch über erreichbare Zukunftswünsche zu führen, dann hat dies erfahrungsgemäß einen stark motivierenden Effekt.

Hilfe durch Nichthilfe

Die Angehörigen alkoholkranker Menschen begehen oft den schweren Fehler, daß sie ihre Bedürfnisse, ihre Gefühle, ihr eigenes Erleben, kurzum die eigene Person ausblenden. Ihr Denken kreist um das Alkoholtrinken sowie um das Verhalten, die Einstellungen und Absichten des Alkoholkranken. Bei meiner Arbeit fiel mir immer wieder auf, daß die Angehörigen zu viel über den Abhängigen reden und zu wenig von sich selbst sprechen. Es fällt ihnen erfahrungsgemäß schwer, auf die eigenen Gefühle und Bedürfnisse einzugehen. Das gesamte Familienleben kreist nur noch um das unkontrollierte Trinken. Obwohl das Denken, Handeln und Fühlen aller Familienmitglieder mit dem Thema Alkohol befaßt ist, ändert sich oft nichts. Dabei besteht für die Angehörigen die große Gefahr, psychisch »auszubrennen«, zumindest die Gefahr, sehr viel Lebensqualität zu verlieren.

Oftmals verlieren die Angehörigen eines Alkoholkranken ihr eigenes Leben aus dem Blickfeld und beschäftigen sich ausschließlich mit dem Alkoholproblem.

Wenn die Situation festgefahren und keine Veränderung in Sicht ist, dann können Sie es dem abhängigen Angehörigen schwerer machen. Vermeiden Sie ein Ko-Alkoholiker-Verhalten (siehe

S. 78ff.), und setzen Sie Grenzen, wie ich das in den vorhergehenden Kapiteln beschrieben habe. Wenn Ihnen diese konfrontativen Schritte nicht liegen, können Sie Hilfe durch Nichthilfe praktizieren. Wie geht das?

Es hat sich für Angehörige und Freunde eines Alkoholkranken bewährt, das Thema »Alkohol« nicht zu ihrem Lebensinhalt zu machen. Es ist besser, wenn Sie als Angehöriger Ihr Leben so gestalten, wie es Ihnen gefällt.

Eine Möglichkeit besteht darin, beispielsweise etwas zu unternehmen, was Ihnen selbst Freude macht, und dabei das Thema »Alkohol« zu vergessen. Dies nennt man auch Hilfe durch Nichthilfe, und es gilt das Motto »Weniger ist mehr«.

Dieses bewußte Zurückhalten ist besonders dann anzuraten, wenn Sie sich nicht in der Lage fühlen, Grenzen zu setzen und festzulegen, was Sie tolerieren und was nicht.

Ein Patient berichtete einmal, daß er völlig verwundert gewesen sei, als seine Frau plötzlich gar nicht mehr von Alkohol sprach. Sie besuchte statt dessen öfter ihre Freundin, hatte einen Kurs bei der Volkshochschule belegt und sich einer Selbsthilfegruppe angeschlossen. Diese Veränderungen hätten ihn so überrascht und nachdenklich gestimmt, daß er beschlossen habe, etwas zu unternehmen und eine Suchtberatungsstelle aufzusuchen.

Auf jeden Fall ist es für die Angehörigen ein Gewinn, wenn sie es schaffen, sich von der Alkoholabhängigkeit innerlich zu entfernen und etwas Gutes für sich selbst zu unternehmen. Schon dieser Erfolg rechtfertigt die »Hilfe durch Nichthilfe«.

Hilfe in der Beratungsstelle

Die Möglichkeit, sich Hilfe in einer Beratungsstelle zu holen, besteht jederzeit. Auch bei den Mitgliedern einer Selbsthilfegruppe (siehe Seite 138) können Sie stets nach Ratschlägen fragen. Sie brauchen dazu nur den wichtigen ersten Schritt zu unternehmen und Kontakt zu Menschen aufzunehmen, die Ihnen wirksam helfen können.

Hilfe können Sie sich insbesondere dann holen, wenn Sie nicht weiter wissen. Schauen Sie nach Adressen von Beratungsstellen, zum Beispiel im Telefonbuch, oder fragen Sie beim Gesundheitsamt an. Anschriften von Selbsthilfegruppen finden Sie auch im Anhang dieses Buches.

Wenn es Ihnen mit Hilfe dieses Buches nicht gelingen sollte, die Situation erkennbar zum Besseren zu wenden, muß Ihnen ein außenstehender Experte weiterhelfen.

Verstandesmäßiges Wissen allein reicht zur Veränderung einer festgefahrenen Situation nicht aus. Zum Durchbrechen der Hilflosigkeit Angehöriger sind weitgehende Einstellungs- und Verhaltensänderungen erforderlich. Die Lektüre eines Buches kann Anregungen liefern. Zudem ist für psychische Veränderungen viel Zeit erforderlich, so wie sich auch die Alkoholkrankheit im Laufe vieler Jahre entwickelt hat. Kleine Fehler und anfängliche Mißerfolge gehören dazu.

Der vielleicht beste Ratschlag für hilflose Angehörige ist daher, in eine Suchtberatungsstelle zu gehen und sich in einem längeren Gespräch vom Spezialisten individuell beraten zu lassen. Bitte vergegenwärtigen Sie sich:

Es ist keine persönliche Schande oder Bankrotterklärung, wenn Sie bei Lebensproblemen professionelle Hilfe in Anspruch nehmen. Warum sollten Sie sich nicht von Experten beraten lassen? Sie tun dies doch auch bei einem Rechtsstreit, wenn Sie sich an einen Anwalt wenden.

Eins ist klar: Nur wer etwas unternimmt, wird auch gewinnen.

Zusammenleben mit abstinenten Alkoholikern

In den vorhergehenden Kapiteln wurde deutlich, daß es eine vollständige Gesundung von der Alkoholkrankheit nicht geben kann. Ein Alkoholiker wird stets in dem Sinne »krank« bleiben, daß er Alkohol nicht langfristig kontrolliert trinken kann. Diese Unfähigkeit des Abhängigen, Alkohol langfristig kontrolliert zu trinken, ist *nicht heilbar*, sie bleibt ein Leben lang. Durch die dauerhafte Alkoholabstinenz wird die Alkoholkrankheit nur bewältigt, nicht aber beseitigt.

Der abstinente Alkoholiker kann wie jeder andere Mensch auch leben, abgesehen davon, daß er keinen Alkohol zu sich nehmen darf.

Die Bewältigung der Alkoholkrankheit erfordert in erster Linie weitgehende Neuorientierungen sowie Einstellungs- und Verhaltensänderungen des Betroffenen. Aber nicht nur die Betroffenen selbst, auch seine Angehörigen benötigen gute Kenntnisse über die Krankheit und ihre Behandlung. Sie können sich nicht aus dem Geschehen heraushalten, sich abseits stellen und die Behandlung den Experten überlassen.

Bekanntlich läßt sich im Leben eines Menschen die Zeit nicht einfach zurückdrehen. Das gilt auch im Bereich der Alkoholtherapie. Für den abstinent lebenden Alkoholiker und seine Angehörigen beginnt nach der Therapie ein neuer Lebensabschnitt. Es ist nicht einfach so, daß das Leben so weitergeht wie beispielsweise in dem Zeitraum, als das Alkoholtrinken noch nicht süchtig entgleist war. Die Angehörigen sind gefordert – auf sie warten große Aufgaben.

Um die bedeutsame Rolle der Angehörigen an einem drastischen Beispiel zu verdeutlichen: Es ist schon einmal vorgekommen, daß ein Angehöriger nach einer Langzeitentwöhnung mit dem Abstinenten auf das Ende seiner Therapie und die vermeintliche Genesung mit einem Glas Sekt angestoßen hat. Damit wurde der Rückfall eingeleitet. In diesem Fall wirkten sich die Wissensdefizite verheerend aus.

Das müssen Sie nach der Therapie beachten

- Nach einer Entwöhnungsbehandlung im Krankenhaus fällt der beschützende Rahmen weg, den die Einrichtung geboten hat: Entlastung von alltäglichen Aufgaben und Verantwortlichkeiten, Hilfen von Experten, Zuwendung, Halt in der Gruppe und Abschirmung von Alkoholangeboten. Danach fängt der mit zahlreichen Herausforderungen und Schwierigkeiten verbundene Alltag wieder an.

- Für den Betroffenen und seine Angehörigen ist es wichtig, sich einer Selbsthilfegruppe anzuschließen.
- Ich empfehle Angehörigen, zumindest in den ersten Monaten alle Alkoholgetränke aus dem gemeinsamen Lebensbereich zu verbannen.
- Es ist sinnvoll, gemeinsam eine Bestandsaufnahme des Bekanntenkreises vorzunehmen, und – falls notwendig – zu klären, wie der Kontakt zu den alten »Zechkumpanen« geregelt werden soll. Wenn eine Freundschaft vom gemeinsamen Alkoholtrinken geprägt war, dann denken Sie bitte darüber nach, inwieweit Veränderungen erforderlich sind.
- Der alkoholkranke Mensch, der eine abstinente Lebensweise – sei es in der Selbsthilfegruppe oder durch eine Suchttherapie – erreicht hat, hat eine Riesenleistung vollbracht. Diese gilt es anzuerkennen. Sprechen Sie das offen an, zeigen Sie Ihre Wertschätzung. *Offene positive Anerkennung ist eine hochwirksame »Medizin«.*
- Ein abstinenter Alkoholiker braucht keine Sonderrolle durch Schonung oder Überwachung. Mißtrauen ist sogar ungünstig für den Abhängigen. Zu Beginn der »Trockenzeit« sind die Betroffenen sehr empfindlich gegenüber Anzeichen von Mißtrauen. Vergegenwärtigen Sie sich, daß Sie dem Angehörigen helfen, wenn Sie Vertrauen in seine Fähigkeit setzen, die Abstinenz zu meistern.
- Übertragen Sie nach und nach wieder Verantwortung auf den Abhängigen. Manchmal fällt das Angehörigen aus Angst vor Fehlschlägen, oder weil sie die Machtfülle in der Krisenzeit genossen hatten, schwer.
- Vorsicht mit Beruhigungs-, Schlaf- und Schmerzmedikamenten. Für suchtgefährdete Menschen sind beruhigende und schmerzlindernde Medikamente sehr gefährlich. Leicht kann sich eine Suchtverlagerung (siehe »Suchtverlagerung und Mehrfachsucht«, Seite 48) einstellen.
- Schwierigkeiten zu Beginn der Abstinenz sind normal; sie sollen nicht zu Pessimismus, übermäßiger Angst oder zu übertriebener Fehlersuche beim Angehörigen führen. Das neue Zusammenleben muß sich erst noch einspielen.

Wenn ein abstinenter Alkoholiker nach einer erfolgreichen Therapie in die Familie zurückkehrt, sind zumeist weitgehende Änderungen im Zusammenleben angezeigt. Während der »Naßphase« hatte sich das Zusammenleben in vielen Familien größtenteils um den Alkohol gedreht. Durch den langjährigen süchtigen Alkoholkonsum hatte sich zudem die Persönlichkeit des Abhängigen geändert. Während einer intensiven Therapie im Fachkrankenhaus veränderten sich wiederum das Verhalten und die Einstellungen des Betroffenen. All dies kann zur Folge haben, daß Angehörige nach Ende der Therapie den nunmehr trockenen Alkoholiker als fremd erleben.

Schwierigkeiten im Zusammenleben nach Therapieende sind verbreitet und kein Grund, an das Scheitern der Bemühungen zu glauben. Ein offenes Gespräch ist in dem Fall angeraten. In vielen Fällen ist ein regelrechter Neuanfang erforderlich. Dies kann zu einer großen Herausforderung werden. Manchmal gehen die durch die Abstinenz und Therapie bewirkten Veränderungen so weit, daß die Betroffenen berichten, ihre Schwierigkeiten hätten erst nach der Therapie mit der Rückkehr in das gewohnte Umfeld richtig begonnen.

Oft wird danach gefragt, wie es die Angehörigen am besten mit dem eigenen Alkoholtrinken halten sollen, ob sie selbst Alkohol trinken können oder nicht. Ich rate den Angehörigen dazu, zumindest die ersten Monate ganz auf Alkohol zu verzichten. Viele abstinente Abhängige haben mir anschaulich geschildert, daß durch den Anblick alkoholischer Getränke oder Alkohol trinkender Menschen Erinnerungen an das eigene Alkoholtrinken ausgelöst wurden. Insbesondere in den ersten Monaten nach der Therapie haben viele abstinente Alkoholiker Schwierigkeiten, sich in der Gesellschaft trinkender Menschen unbefangen wohl zu fühlen. Am besten ist sicherlich, wenn sich im Haus eines trockenen Abhängigen keine alkoholischen Getränke befinden und der Besuch von Trinkgelegenheiten vorher reiflich überlegt wird. Wenn, dann nur Feiern, auf denen alkoholfreie Getränke leicht verfügbar sind beziehungsweise denselben Stellenwert wie Alkohol haben.

Nach meinen Beobachtungen tritt durch die Konfrontation eines Abstinenten mit alkoholtrinkenden Menschen zumeist keinerlei »Abhärtung« ein. Vielmehr werden, bildlich gesprochen, »offene Wunden berührt«. Nach einiger Zeit, oft allerdings erst nach Jahren der Alkoholabstinenz, sind die meisten trockenen »Alkoholiker« ohne weiteres in der Lage, den Anblick trinkender Menschen ohne schlechte Gefühle zu verkraften.

Ungünstig ist sicherlich ein Nachlassen der Bemühungen, das Erreichte durch die Selbsthilfegruppe oder die regelmäßigen Kontakte zum Suchtberater zu stabilisieren. Abstinenz ist »zerbrechlich« und möchte geschützt werden. Sorglosigkeit oder Überheblichkeit in diesem Punkt sind gefährliche Einstellungen. Also nochmals: Gehen Sie regelmäßig zur Selbsthilfegruppe, auch wenn im Leben alles gut läuft und ein Rückfall unwahrscheinlich oder gar ausgeschlossen erscheint!

Natürlich ist es gut, wenn der abstinente Alkoholiker eine Arbeit hat und sein Tagesablauf gut strukturiert ist. Günstig ist auch, wenn soziale Beziehungen gepflegt werden und ein ausgewogener Lebensstil geführt wird.

Ich rate allen abstinenten Abhängigen zu einer sehr gesundheitsbewußten Lebensweise, insbesondere für die Zeit im Anschluß an eine Langzeitentwöhnung. Wichtig ist, daß genügend Freizeit und Zeit zur Entspannung und Ruhe vorhanden sind. Als Angehörige sollten Sie dabei unterstützend wirken.

Überarbeitung ist für den Alkoholkranken ausgesprochen ungesund, ebenso wie Belastungen durch ungelöste Konflikte. Psychische Überlastungen wirken sich nachteilig auf die Abstinenzfähigkeit aus und können den Betroffenen dem Rückfall näherbringen, auch wenn er das nicht bewußt bemerkt. Ein Rückfall stellt sich oft über längere Zeit schleichend ein, ähnlich wie Menschen bei Dauerstreß oder Überforderung anfälliger für Erkältungen und Infektionen werden.

Trinkangebote ablehnen

Die Alkoholabstinenz bringt Änderungen in einem wichtigen Bereich mit sich. Fast immer drehte sich im Leben eines Alkoholkranken alles um das Alkoholtrinken. Was geschieht nun, wenn derjenige, früher als Alkoholfreund bekannt, auf seine alten Trinkfreunde trifft oder auf einer Feier plötzlich keinen Alkohol mehr trinkt? Dies ist erfahrungsgemäß ein schwieriger Punkt. Wie soll der Alkoholabstinente mit Trinkangeboten umgehen?

Am besten ist es natürlich, wenn alle Menschen im Umfeld eines Alkoholkranken von den Verhaltensänderungen und der Alkoholabstinenz wissen. Sie können als Betroffener oder als Angehöriger über die Alkoholkrankheit informieren und den Bekannten klarmachen, daß ein Alkoholkranker gar keinen Alkohol zu sich nehmen kann, ohne einen erneuten schweren Ausbruch unkontrollierten Trinkens herbeizuführen.

Nach meinen Erfahrungen verstehen und akzeptieren die meisten Menschen das ohne weiteres, und ich möchte Sie ermutigen, offen über die Alkoholkrankheit in der Öffentlichkeit zu sprechen. Erinnern Sie sich: Es ist keine Schande, Alkoholprobleme zu haben. Eines meiner Hauptanliegen ist es, Vorurteile gegenüber Alkoholkranken abzubauen und dazu beizutragen, daß alkoholkranke Menschen sich offen zu ihrer Krankheit äußern können. Reden Sie darüber, wann immer es möglich ist.

Was ist mit Trinkangeboten in Situationen, in denen es für den Abstinenten nicht angemessen ist, über seine Alkoholkrankheit zu sprechen, beziehungsweise wenn er nicht über die Gründe sprechen möchte? Denken Sie als Angehöriger einmal zusammen mit dem Betroffenen über Formulierungen nach, die geeignet sind, mit der erforderlichen Entschiedenheit Trinkangebote abzulehnen. Bewährt haben sich zum Beispiel die Aussagen »Nein danke, ich trinke keinen Alkohol« oder »Ich trinke keinen Alkohol, aber mit einem Glas Orangensaft könnten Sie mir eine Freude bereiten«. Notfalls wiederholt der Angesprochene freundlich seine Ablehnung, bis sein Gegenüber aufgibt. Dabei sollte er sich nicht auf Diskussionen über den Grund der Ablehnung oder etwa die Vorteile des Alkohols einlassen!

Wenn Fragen nach den Gründen für den Alkoholverzicht gestellt werden, ist man sehr gut beraten, grundsätzlich nicht darauf einzugehen.

Dies geht tatsächlich am besten nach dem Motto: »Darüber diskutiere ich nicht.« Warum eigentlich? Es hat keinen Zweck, über die Gründe für das Nichttrinken zu debattieren, Argumentieren führt allzuoft zu unfruchtbaren Diskussionen darüber, ob die Gründe stichhaltig sind, ob es nicht doch einmal eine Ausnahme geben kann oder ob der Nichttrinker persönlich etwas gegen denjenigen hat, der ihm Alkohol anbietet, und so weiter. Dabei werden die Gründe des Nichttrinkers meist nicht akzeptiert, zumindest aber abgeschwächt oder zerredet. Das bringt den Alkoholabstinenten in eine schwierige Situation, oft sogar in Zugzwang. Also ablehnen, ablehnen!

Die klare Äußerung »Ich trinke keinen Alkohol und diskutiere nicht über meine Gründe« ist nach meinen Erfahrungen die wirksamste. Noch besser ist es, wenn sich der Betroffene klar als Alkoholabstinenter bekennt: »Ich trinke überhaupt keinen Alkohol, denn ich vertrage ihn nicht.« Unterstützen Sie den Abstinenten dabei, und bedenken Sie: Niemand braucht sich zu rechtfertigen, wenn er keinen Alkohol trinkt. Manchmal kann das extrem schwierig sein, vor allem dann, wenn man es mit einem oder mehreren Trinklustigen zu tun hat, die sich einen Trinkkumpanen anheuern wollen. Gerade hier gilt es, standhaft zu bleiben, notfalls die Feier zu verlassen.

Abstinenz und Rückfälle

Die Alkoholkrankheit wird durch dauerhafte Alkoholabstinenz zum Stillstand gebracht. Ein Rückfall ist nie ganz auszuschließen, auch nach 20 Jahren der Abstinenz kann er eintreten. Auslöser können persönliche Krisen, belastende Lebensereignisse, akute Schwierigkeiten oder unangenehme Gefühle sein, zum Beispiel Einsamkeit oder Gereiztheit.

Sehr häufig werden Trinkrückfälle dadurch ausgelöst, daß der Betroffene die Tatsache nicht akzeptiert, daß er Alkohol nicht langfristig kontrolliert trinken kann. Er meint fälschlicherweise, Alkohol in geringen Mengen verkraften zu können.

Ein Patient beschrieb diese Einstellung einmal so: »Nach der Therapie traf ich eines Tages einen alten Freund. Wir kamen an einer Kneipe vorbei, und er lud mich zu einer Cola ein. Als wir an der Theke standen, schaute ich mich um und dachte an die alten Zeiten. Ich überlegte und fand, daß ich ein Glas Bier wohl vertragen konnte, ganz nach dem Motto: Ein Glas kann dir doch nichts anhaben. Früher hatte ich doch auch aufhören können und war wochenlang ohne Alkohol ausgekommen. Ich fühlte mich also stark genug, nur ein Glas zu trinken, und war nicht von dem überzeugt, was man uns immer wieder in der Klinik gesagt hatte: Ihr könnt nicht kontrolliert trinken! Ich dachte, daß das für die anderen zutreffen mag. Ich selbst war doch nicht so tief gesunken.«

Was geschieht, wenn ein abstinenter Alkoholiker nach einer längeren Zeit der Abstinenz rückfällig wird? Es ist typisch, daß er nach den Abstinenzphasen schnell wieder in das alte Trinkmuster zurückfällt. Bei einigen süchtigen Trinkern stellt sich sofort der Kontrollverlust (siehe »Die psychischen Anzeichen der Alkoholabhängigkeit«, Seite 36) ein. Der Betroffene trinkt erst eine geringe Menge und steigert sich dann entweder sofort oder innerhalb weniger Tage weiter bis zum Vollrausch. Dieser Kontrollverlust ist ein ausgesprochen deutliches Zeichen dafür, daß ein kontrolliertes Alkoholtrinken unmöglich ist.

Bei anderen Abhängigen verläuft der Rückfall nach der Abstinenzphase etwas anders. Sie trinken tage- oder vielleicht wochenlang geringe Mengen Alkohol, etwa zwei bis drei Glas Bier täglich. Selten geht das sogar ein paar Monate lang. Die Betroffenen geben sich in dieser Zeit der Illusion hin, daß sie kontrolliert trinken können. Tatsächlich gelingt dies aber nur tage-, vielleicht wochenlang. Dann bricht das alte Trinkmuster, manchmal spontan, manchmal nach einem besonderen Anlaß, wieder durch. Das zerstörerische Trinken großer Alkoholmengen nimmt wieder überhand und richtet große Schäden an.

Eigentlich konnte der Trinker den Konsum zu keinem Zeitpunkt kontrollieren, auch wenn er sich eine kurze Zeit lang dieser Illusion hingab.

Bedeutet ein Rückfall, daß alles umsonst war und ein langer Leidensweg bevorsteht? Hat der Betroffene keine Chance, ist er dazu verurteilt, die Abstinenz nie zu schaffen und sich zu Tode zu trinken? Die Antwort auf alle Fragen lautet: Nein!

Falls es trotz allem zum Rückfall kommt, ist das nicht das Ende aller Bemühungen um die Bewältigung der Krankheit. Es kommt entscheidend darauf an, richtig mit dem Rückfall umzugehen.

Genau wie die Alkoholabhängigkeit an sich werden auch die Rückfälle ungern thematisiert, oft sogar verschwiegen. Als erstes ist es wichtig, daß der Betroffene sich offen zum Rückfall bekennt. Als Angehörige können Sie helfen, indem Sie erst einmal nur zuhören und sich zurückhalten mit Kritik, Vorwürfen oder Besserwisserei. Der Betroffene macht sich selbst schon schwerste Vorwürfe. Sprechen Sie offen über den Rückfall.

Wenden Sie sich sofort bei einem Rückfall an Menschen, die Ihnen helfen können. Das beste ist, wenn der Rückfall möglichst schnell beendet wird, zum Beispiel durch eine Entgiftung (siehe Seite 71) im Krankenhaus. Als Angehörige können Sie sich beispielsweise an die Mitglieder einer Selbsthilfegruppe oder an eine Suchtberatungsstelle wenden.

Sie können schon zur Vorbeugung aktiv werden und über Rückfälle mit Suchtberatern oder Mitgliedern aus einer Selbsthilfegruppe sprechen. Wenn man auf etwas vorbereitet ist, sei es auch nur durch einen Notplan, dann verliert der Notfall an Schrecken, und es ist viel leichter, angemessen zu reagieren. Frühzeitig einen Notfallplan zu erstellen hat sich als sinnvoll erwiesen. Je eher der Rückfall gestoppt wird und je besser er aufgearbeitet wird, desto günstiger. Er kann für den Abhängigen eine wichtige Lernerfahrung darstellen.

Wenn Rückfälle schnell gestoppt werden und der Betroffene aus den Erfahrungen etwas lernt, können sie wichtige Erfahrungen sein. Entscheidend ist, daß über den Rückfall in der Selbsthilfegruppe oder Beratungsstelle gesprochen wird und die Ereignisse aufgearbeitet werden.

Das erste halbe Jahr nach dem Ende einer Therapie im Krankenhaus ist im Hinblick auf das Rückfallrisiko eine besonders kritische Zeit. In dieser Zeit ist besondere Vorsicht angeraten. Einige Alkoholkranke erleben mehrere kurze Rückfälle und schaffen es erst nach längerer Zeit, völlig alkoholabstinent zu leben. Rückfälle stellen erhebliche psychische Belastungen für alle Beteiligten dar, und es ist leichter, frühzeitig etwas zur Stabilisierung der Abstinenz zu unternehmen.

Speziell zum Thema Rückfall empfehle ich das Buch von Joachim Körkel »Rückfall muß keine Katastrophe sein«. Dort finden Sie weitere Ratschläge.

Die beste Vorbeugung gegen Rückfälle sind gemeinsame und regelmäßige Besuche von Selbsthilfegruppen und eine gesunde, ausgewogene Lebensweise.

Allgemeine Grundsätze für die Bewältigung der Krankheit

Abschließend habe ich einige Regeln für die Bewältigung der Alkoholkrankheit zusammengestellt. Sie gelten in erster Linie für die Angehörigen. Vieles trifft auch auf die Alkoholabhängigen selbst zu.

1. Machen Sie sich als Abhängiger und als Angehöriger von den geläufigen Vorurteilen gegenüber Abhängigen frei. Versuchen Sie Schuld- und Schamgefühle soweit wie möglich abzulegen. Der Alkoholismus ist eine Krankheit, deren Ursachen wir nicht genau kennen, er ist keine Willens- oder Charakterschwäche, keine Haltlosigkeit, und Alkoholiker sind keine minderwertigen Säufer. Es sind kranke Menschen. Vorhaltungen, Vorwürfe und Streitereien bewirken keine Besserung. Machen Sie sich schnell von diesen Gefühlen, Gedanken und Diskussionen frei. Richten Sie Ihr Augenmerk auf die Krankheit und ihre Besonderheiten, so wie ich das im ersten Teil des Buches beschrieben habe.
2. Lassen Sie sich nicht auf die üblichen endlosen und unfruchtbaren Gespräche, Diskussionen und Vertröstungen Abhängiger

ein. Diese führen zu nichts, wenn sie sich ständig wiederholen und Veränderungen ausbleiben. Sie werden zur Normalität, und das Alkoholtrinken geht weiter wie bisher. Besonders unproduktiv sind Versprechen, die nicht eingehalten werden. Selbst ein paar Tage oder Wochen Alkoholabstinenz sind wertlos, wenn danach eine um so exzessivere Trinkphase folgt, in der das Versäumte reichlich nachgeholt wird. Durch unfruchtbare Diskussionen, gebrochene Versprechen und Vertröstungen läßt sich das Alkoholproblem nicht lösen. Machen Sie es von jetzt an anders: Bauen Sie Ko-Alkoholismus-Verhalten ab, setzen Sie Grenzen, praktizieren Sie Hilfe durch Nichthilfe.

3. Die Alkoholabhängigkeit ist eine Krankheit, die sich gut behandeln läßt, vorausgesetzt der Betroffene und die Menschen in seinem Umfeld arbeiten bei der Behandlung aktiv und sachgerecht mit. Jeder Abhängige kann lernen, mit seiner Krankheit in Alkoholabstinenz gut zu leben. Vergegenwärtigen Sie sich immer wieder, daß es schon viele geschafft haben. Pessimismus und Hoffnungslosigkeit sind fehl am Platz.
4. Kaum ein Abhängiger kann sich allein und ohne Hilfe anderer befreien. Gemeinsam mit anderen geht es viel besser. Wenn das Trinken entgleist und die erwünschte Änderung aus eigener Kraft nicht zu schaffen ist, dann ist es am besten, die Existenz der Abhängigkeit und die Notwendigkeit der Behandlung oder Therapie uneingeschränkt anzuerkennen. Die Behandlungswege sind in diesem Buch beschrieben. Bagatellisieren, Vertuschen oder gar Verleugnen sind typische Hindernisse bei der Bewältigung der Krankheit.
5. Oberstes Gebot für die Bewältigung der Abhängigkeit und auch für das Zusammenleben mit alkoholkranken Menschen ist Konsequenz. Das heißt, tun Sie stets das, was zur Bewältigung erforderlich ist. Lassen Sie keinen Regelverstoß zu, machen Sie keine Ausnahmen. Die erste Ausnahme ist oft schon das Ende, ganz ähnlich wie der erste Schluck Alkohol das Ende der Abstinenz ist.
6. Die Krankheit Abhängigkeit bleibt bestehen und ist nicht heilbar: Ein abstinentes Leben ist aber durchaus erreichbar. Wenn Sie es allein nicht schaffen, dann schließen Sie sich mit anderen Betroffenen zusammen. Sie können sich auch an pro-

fessionelle Helfer wenden und an einer längerdauernden Therapie teilnehmen. Auf lange Sicht sind ständige Aktivitäten zur Sicherung des Erreichten gefordert.

Vorurteile und Fakten

Viele Suchttherapeuten vertreten die Ansicht, daß Suchtstoffe, suchttypische Verhaltensweisen und süchtiges Arbeiten zum Alltagsleben vieler Menschen in unserer Zeit gehören. Die Alkoholkranken stellen demnach nur eine kleine, teilweise besonders auffällige Gruppe inmitten von »Süchtigen« im weitesten Sinne des Wortes dar. Zahlreiche Menschen haben es sich beispielsweise angewöhnt, ungesund zu leben, schon leichte Schmerzzustände durch Schmerztabletten schnell zu entfernen, Schlafstörungen und Unruhezustände durch Schlaf- beziehungsweise Beruhigungsmittel zu beseitigen und ihre Leistungsfähigkeit durch aufputschende Getränke zu steigern. Glücksgefühle verschaffen wir uns regelmäßig durch materiellen Konsum, und es scheint das Motto »Mehr Lebensglück durch schöne Dinge« zu gelten. Für manche Menschen in Deutschland gehört der Geschwindigkeitsrausch zum Kraftfahreralltag oder Freizeitvergnügen, und er wird mit großem Einsatz gegenüber seinen Kritikern verteidigt, koste es, was es wolle.

Kurzum, Zufriedenheit und Glückserlebnisse möchten wir so leicht und oft wie möglich erreichen und unangenehme Gefühle schnell und bequem ausblenden. Der technische Fortschritt machte dies möglich, und wir haben das gern angenommen. *Bei Alkoholabhängigen ist dieses Verhaltensmuster besonders spektakulär, aber nicht prinzipiell anders.* Auch sie blenden schnell und bequem Schwierigkeiten und Spannungszustände aus, und verschaffen sich angenehme Gefühle durch den chemischen Hilfsstoff »Alkohol«.

Die von uns allen geschaffene Lebensform macht uns empfänglich für süchtige Entwicklungen. Auch wenn all diese Überlegungen sehr pauschal und wenig wissenschaftlich sind, halte ich es für wert, einmal darüber nachzudenken.

Das Ergebnis könnte sein, daß wir alle weniger abweisend und vorurteilsbeladen auf suchtkranke Menschen reagieren und unsere eigene Suchtanfälligkeit genauer sehen und besser akzeptieren. Mein Hauptanliegen beim Schreiben dieses Buches war es, schäbige Vorurteile gegenüber alkoholkranken Mitmenschen abzubauen und einem sachlichen, offenen Dialog über die Alkoholabhängigkeit den Weg zu bahnen. Niemand braucht Schuld- und Schamgefühle wegen eines Alkoholproblems zu entwickeln. Wenn die Menschen im Umfeld eines Alkoholkranken einen ersten Schritt tun, indem sie sich von abwertenden und negativen Vorurteilen lösen, kann der Betroffene sich selbst zu seiner Alkoholabhängigkeit bekennen. Solange allzu viele Menschen auf Alkoholiker herabschauen, werden die Betroffenen sich nur zögernd oder gar nicht zu ihrer Abhängigkeit bekennen. Wer trägt schon freiwillig den Makel der Minderwertigkeit?

Zur Verbesserung der Lage Suchtkranker schlage ich drei Schritte vor: erstens Abbau von Vorurteilen, zweitens Abbau von Ko-Alkoholismus und drittens eine kritischere Einstellung zum starken Alkoholtrinken. Das gemeinsame Ziel sowohl von Alkoholgefährdeten als auch ihrer Bezugspersonen kann ein genußreiches Leben ohne chemische Hilfsstoffe und suchttypische Verhaltensweisen sein.

Ich selbst halte die Suchtkrankheit für eine Krankheit wie viele andere auch, beispielsweise Übergewicht, Herzkrankheiten oder die Zuckerkrankheit. Deshalb hege ich keinerlei negativen Vorurteile gegenüber alkoholkranken Menschen. Im Gegenteil: Unter den abstinenten Alkoholikern, beispielsweise den Mitgliedern von Selbsthilfegruppen, habe ich viele sehr respektable Menschen kennengelernt. Sie waren durch die Auseinandersetzung mit ihrer Krankheit menschlich reifer geworden und haben vieles gelernt.

Die Alkoholkrankheit ist für Betroffene und Angehörige eine Herausforderung, durch die sie die Chance erhalten, viel über die eigene Persönlichkeit zu lernen und persönlich zu wachsen. Ein Abhängiger sprach einmal im Zusammenhang mit dem Beginn seines neuen Lebensabschnittes in Nüchternheit von seiner »zweiten Geburt«. Ein anderer berichtete, daß er erst durch die

Bewältigung seiner Alkoholsucht die große Chance erhalten habe, sein Leben neu zu gestalten. Es gehe ihm jetzt viel besser als jemals zuvor, und er führe ein glückliches Leben.

Wenn Abhängige sich ohne Schuld- und Schamgefühle zu ihrem Trinkproblem bekennen können, dann wird die Alkoholkrankheit viel von ihrem Schrecken verlieren. Sie könnten dann rechtzeitig und leichter nach Alternativen zum selbstzerstörerischen Alkoholtrinken suchen und ihr Leben neu gestalten. Dies könnte ein neues Zeitalter in der Früherkennung und Behandlung einleiten.

Es ist keine Schande, alkoholkrank oder Angehöriger eines Alkoholkranken zu sein. Es ist aber eine Schande, nichts dagegen zu tun!

Anhang

Wichtige Adressen

Informationen über Suchtkrankheiten und Literatur

erhält man bei:

**Deutsche Hauptstelle
gegen die Suchtgefahren
e. V. (DHS)**
Westring 2
59065 Hamm
Tel.: 0 23 81/9 01 50,
Fax: 0 23 81/1 53 31

Adressen und Treffpunkte von Selbsthilfegruppen

in Ihrer Nähe können Sie in den jeweiligen Bundeszentralen erfragen:

Al-Anon Familiengruppen
(Selbsthilfegruppen für
Angehörige von Alkoholikern)
Emilienstraße 4
45128 Essen
Tel.: 02 01/77 30 07

**Blaues Kreuz in der
Evangelischen Kirche
Deutschland e. V.**
Eiderstraße 68
24768 Rendsburg
Tel.: 0 43 31/59 32 19

**Blaues Kreuz in
Deutschland e. V.**
Freiligrathstraße 27
42289 Wuppertal
Tel.: 02 02/62 00 30

**Bundesgemeinschaft
der Freundeskreise für
Suchtkrankenhilfe in
Deutschland e. V.**
Kurt-Schumacher-Straße 2
34117 Kassel
Tel.: 05 61/78 04 13

Deutscher Guttempler-Orden (I.O.G.T.) e.V.
Adenauerallee 45
20097 Hamburg
Tel.: 0 40/24 58 80

Kreuzbund e. V.
Selbsthilfegemeinschaft
für Suchtkranke
Münsterstraße 25
59065 Hamm
Tel.: 0 23 81/67 27 20

Selbsthilfe Sucht in der Arbeiterwohlfahrt (AWO) e. V.
Oppelner Straße 130
53119 Bonn
Tel.: 02 28/6 68 51 51

Institutions- und Unternehmensberatung
sowie Seminare zum Thema Alkoholismus

führen beispielsweise durch

Simon und Grass
Rosenauer Str. 5
96450 Coburg
Tel.: 0 95 61/9 91 69

Institut für Berufliche Bildung
An der Ölmühle 12
53909 Zülpich
Tel.: 0 22 52/70 97

Danksagung

An dieser Stelle möchte ich allen Menschen danken, die mir beim Schreiben des Buches geholfen haben. Das meiste lernte ich von meinen Patienten und ihren Angehörigen sowie von den Mitgliedern der vielen Selbsthilfegruppen, mit denen ich zusammenarbeiten durfte. Dank für wichtige fachliche Anregungen gebührt Herrn W. Meyer, Herrn S. Simon, Frau S. Held, Frau U. Mlitz, Frau E. Klopfleisch, Herrn B. Hummel, Frau Dr. M. Presser sowie Kurt von den AA.

K. Luig, B. Thiemann, G. Schlagenhoff und K. Knost bearbeiteten geduldig das Manuskript und gaben wichtige Rückmeldungen. Frau Lehner von der Deutschen Hauptstelle gegen Suchtgefahren half engagiert bei der Sichtung und Beschaffung von Literatur.

Kontaktadresse

Sollte Ihnen etwas in meinen Ausführungen auffallen, was Sie mir gern mitteilen möchten, dann schreiben Sie doch einfach. Auch Ihre Meinung zum Buch oder Hinweise auf Dinge, die aus Ihrer Sicht ergänzt werden müßten, interessieren mich. Sie erreichen mich unter der Anschrift:

Dr. Volker Riegas
Institut für Berufliche Bildung
An der Ölmühle 12
53909 Zülpich

Register

Weitere Bücher aus dem Blaukreuz-Verlag Wuppertal

Ingrid Ebert

Dienstags in der Mauergasse

Suchtkranke machen Hoffnung.

Paperback, 80 Seiten, z. Z. DM 17,80/öS 130,–/sFr 18,–

Der Kampf gegen die Alkoholabhängigkeit und andere Süchte – ein scheinbar aussichtsloses Unterfangen. Und doch berichten hier Menschen, wie sie nicht nur die Tiefen der Sucht kennengelernt, sondern auch Befreiung erlebt haben und Rückhalt fanden im Glauben an Jesus Christus. Das Buch macht Mut und Hoffnung: Neues, verändertes Leben ist möglich.

Hermann Hägerbäumer

Rückfall – was nun?

Chancen für Alkoholabhängige und ihre Umgebung.

Taschenbuch, 80 Seiten, z. Z. DM 12,80/öS 93,–/sFr 13,–

Ein Rückfall muß kein Schreckgespenst sein! Das Buch macht Betroffenen und Angehörigen, Kollegen und Freunden Mut, nicht aufzugeben. Es zeigt aber auch, daß ein Rückfall eine Chance zum Neubeginn ist. Ein wichtiges Handwerkszeug im Umgang mit Rückfälligen und Rückfallgefährdeten.

Christina Parker

Ich weiche nicht mehr aus

Leben mit einem alkoholabhängigen Partner.

2. Aufl., Paperback, 144 S., z. Z. DM 19,80/öS 145,–/sFr 20,–

Partner von Suchtkranken sind oft in ihrem Selbstwertgefühl erschüttert und sehen keinen Ausweg. Die Autorin beantwortet aus eigenem leidvollem Erleben die verzweifelten Fragen der Mitbetroffenen. Eine Angehörige: „Dieses Buch ist das Beste, was ich bisher gelesen habe. Mit jedem Satz kann man etwas anfangen.“